道教典籍選刊

天仙金丹心法

附氣功祕文破譯

舊題八仙合著
松　飛破譯

圖書在版編目(CIP)數據

天仙金丹心法:附氣功秘文破譯/(清)舊題八仙著;松飛破譯. —北京:中華書局,1990.8(2025.4 重印)
(道教典籍選刊)
ISBN 978-7-101-00434-2

Ⅰ.天…　Ⅱ.①舊…②松…　Ⅲ.道教-氣功-研究
Ⅳ.B952

中國版本圖書館 CIP 數據核字(2007)第 175240 號

責任編輯:劉浜江
封面設計:周　玉
責任印製:陳麗娜

道教典籍選刊
天仙金丹心法
附氣功秘文破譯
舊題八仙 合著
松　飛 破譯

*

中華書局出版發行
(北京市豐臺區太平橋西里 38 號　100073)
http://www.zhbc.com.cn
E-mail:zhbc@zhbc.com.cn
河北博文科技印務有限公司印刷

*

850×1168 毫米 1/32・9 印張・2 插頁・133 千字
1990 年 8 月第 1 版　2025 年 4 月第 17 次印刷
印數:49501-51500 册　定價:39.00 元

ISBN 978-7-101-00434-2

道教典籍選刊緣起

道教是我國土生土長的宗教，歷史悠久，可以溯源到戰國時期的方術，甚至更古的巫術，而正式形成於東漢時期。它是我國傳統文化的重要組成部分，對我國人民的思維方式、生活方式，對古代科學、技術的發展，都產生過重大影響，並波及社會政治、經濟等各方面。

道教典籍極爲豐富，就道藏而言，多達五千餘卷，是有待進一步發掘、清理和利用的文化遺產之一。爲便於國内外學術界對道教及其影響的研究，便於廣大讀者瞭解道教的概貌，我們初步擬訂了道教典籍選刊的整理出版計劃。其中既有道教最基本的典籍，也包括各種流派的代表作，有不少書與哲學、思想史關係密切。所有項目，都選用較好的版本作爲底本，進行校勘標點。

由於我們缺乏經驗，工作中難免有失誤之處，亟盼關心此項工作的專家和廣大讀者給以指導與幫助。

中華書局編輯部

一九八八年二月

目録

前言

《天仙金丹心法》是一部很奇特的丹經。道家的炁功（内丹功）秘訣，都是口傳心授，不見文字。寫成文字時，都是用隱語和暗示。唯獨《心法》一書，既想「獨洩古今神聖未傳之秘」，又想「待有心者自悟」，於是在表述口傳心授的秘訣的同時，有意將文字按一定的規律錯雜排列，致使粗心的讀者望而却步。

「長生久視」，「終其天年，度百歲乃去」，道是古今中外人類世代所追求的美好願望。炁功可使人發揮潛能，祛病健身，延年益壽，已引起人們的普遍重視。道家丹經浩如煙海，如和現代科學相結合，進行艱巨的探索和挖掘，棄其糟粕，取其精華，定能造福於人類。爲了尋求健身之道，我有志於探索道家炁功的奥秘。對《心法》一書，興致尤濃，經長期琢磨，終於將其中的秘文破譯出來。現據重刊《道藏輯要》本對全書加予點校，並將破譯文字用簡體字附於各段秘文之後，以饗廣大讀者。

《心法》一書，托名吕洞賓等八仙撰就，據閔智亭、李養正兩先生意見，實爲清嘉慶年間全真道士柳守元等所作。該書對内丹功的理論、方法、步驟均有系統而詳盡的論述，文字較通俗易懂，但願它能爲炁功愛好者和研究者提供有益的啟示。其中的迷信内容，讀者較易識别，不贅述。

本書承蒙閔智亭、李養正兩先生撰寫序言及中華書局編輯部梁運華先生大力審正，在此致以衷心的感謝！

錯失之處，懇請方家教正。

松　飛

一九八八年一月

序

丹道爲道教所重，亦素爲道教徒所珍祕。擇徒授訣，必先盟以誓約，然後師徒授受，口口相傳。爾後嚴謹修持，方得有所成效。丹道分外丹和內丹，外丹煉五金八石以成金丹或藥物，此實爲我國化學之先驅。內丹功法，以己身爲爐鼎，以自身之精、炁、神爲藥物，煉精化炁，煉炁化神，煉神還虛，以求成丹。考內丹功法，其來已久，東漢魏伯陽撰《周易參同契》即已論及，不過隋唐以前，其名不顯；自隋青霞子、五代吕洞賓加以弘揚，其名漸著；復經宋陳摶、張伯端、金王重陽之闡發，從此興而不衰。金、元以後，內丹之道分南宗與北宗。南宗祖張紫陽，强調先命後性；北宗祖王重陽，强調性命雙修，修心爲先。爾後又有元李道純之創中派，明陸西星之創西派，清代李涵虛之創東派。宗派分立，功法有殊。且自丹功行世以來，世俗間亦多好事者爲之，往往剽竊陳言，雷同剿説，更或炫奇鬻異，以邪亂正，魚目混珠，招摇惑衆，故讀丹經，煉丹功，亦不可不慎矣。

考元代以前之丹經，多比喻繁名，隱晦難懂。元以後頗多發微，如陳致虚之《金丹大要》，范守元之《性命圭旨》，以及明清出現之《大成捷要》，伍守陽之《金丹正理》，皆較簡明易懂。《金丹心法》爲清嘉慶十八年（一八一三）至二十年（一八一五）間全真道士柳守元托「八仙」而作，一名《天仙金丹心法》，一名《八祖金丹心法》，係全真道北宗主性命雙修之內丹功法。由於出現於清嘉慶年間，故不見於明《正統道藏》，亦不見於清初鏤刊之《道藏輯要》。迨至光緒年間重刊《道藏輯要》，始見收入。此書晚出，但較以前之丹經，則較具體詳盡，對於丹功之理論、方法、步驟均有論述。不過作者爲渲染神秘色彩，故意將文字錯雜排列，使讀者莫辨章句順序，茫茫然如墮五里霧中，只好望文興嘆，歉然置之。我們早年亦曾偶涉此書，往往亦苦於尋徑，偶有所得則欣然自喜，遇惑迷惘則惆悵而棄之。雖然如此，每每亦有所收益焉。蓋《金丹心法》首重修心煉性，所謂道以心傳，心緣法定，法非心不立，心非法無依，法以心傳，即心即法是也。《金丹心法》所不同於其他丹經處，正在於要求修道者樹立高尚的道德品質，對於功法則要求力行不怠，堅持道教養生修真的傳統精神，「我命在我，不屬天地」，「命之可延，訣在乎志」。

道教認爲氣功可以健身療病，今日世俗所行之氣功，即道教丹功之基礎功夫。《金丹心法》經松飛先生巧爲破譯，去其神祕之煙霧，使廬山真面目得以顯現，使讀者易曉，使煉者得法。憶及當年讀此書之困難，而今則更感念松飛先生之辛勞。諸好事氣功者及丹功者，定必有同感焉。仁者見仁，智者見智，幸明識者正之。爰爲序。

歲在丁卯，閔智亭、李養正於北京。

天仙金丹心法自序

大道之傳，與天地無終極。顧授者無不傳之祕，而列聖相延之心法，惟智者觀其深耳！且予之望人，甚於人之求我。《金丹心法》予輩所單心研慮，盡神盡利以裁成者，正思以嚴訪密求，得其人以相與也。乃作者已窮其奧，會其歸，發天地之玄要，俾毫髮無遺憾。而彼以輕心掉者，罔計天人性命之防，至以崑玉奇珍抵烏鵲而莫之恤。嗚呼！明珠暗投之憾，詎忍言哉。至如挾術以居奇，甘自蹈於人琴俱粹，是又失人於交臂，而大公獨踞以爲私。夫英賢麾拒於門牆，而匪僻辱收於几席。誰敢執其咎，而俾隕越以貽羞。故心法之傳，以公道付諸天下，傳道而機不盡洩，以待有心者自悟，而未易爲一二流俗人言也。抑予也掌教以來，非一日矣，生徒之瓣香而齋邀幾億萬人矣，顧二三子之從事吾門者，率多於瞻禮之餘，靳覯面而親色笑。嗚呼！曾亦思爾之願，言良覯凡，以冀一言指授，而希誕岸之登耳。今也邀七祖之寵靈，而予亦得略參其末議。揭波羅之諦，以沾丐於爾後人，雖使予面命而耳提，道亦如是而止矣。不少藏其蘊，則能者可從；不輕露其倪，則道非弋獲。以不忍不傳之隱而隱，詔以分明鄭重之思，則後人之讀是書亦堪默喻矣。是役也，經經緯緯，越三寒暑則吾門之溪守靜、華陽、而訂正校讐之任，總其裁者三山笛史，請命者妙法元君，而乃成。

玄邱。

純陽道者呂嵒洞賓甫自題

天仙金丹心法序

太歲旃蒙大淵獻之秋，丹書功告竣，予總肩其務，例識數言於簡端。嗚呼！夫著丹經於今日，蓋亦難矣！贋者恆剽竊陳言，既貽誚於雷同勦說；乃或矯邪說以歸諸正，獨闢蠶叢鳥道之奇，顧身心未歷其程，則懸擬者終莫的；即令現身說法矣，而真機密義半托鏡花水月間，若有若無，乍虛乍實，閱者終愕眙於心目，而茫乎莫測其所從。嗚呼！神無方，《易》無體，性命精微之藴，已極神奇變化而難名，而誘掖之餘，重以杳冥而恍惚，此顏苦其卓，欲從而末由者矣。今夫以塵垢之軀，而振興乎萬古雲霄以上，此匪真修爲不易也。而作書以誘掖者，亦猶戛戛乎難之。且以予輩之靜閒，幸脱屣乎塵囂之表，而猶嚮名場利藪再三曲盡其丁甯佑啟之思，夫亦誠有大不得已於中者，非以炫奇而矜異也。是故以得心應手播之爲覺世之書，非剽竊陳言，而古昔之大成畢集，非影幻夫鏡花水月，而有無虛實鄭重而分明。穆穆乎！丹訣之梯航，而玄關之樞紐也，而予益重有感焉。憶予辭桑梓，訪名山，孑然孤踪，縱心於荒烟蔓草之畔，無書可證，無師友相參，魔難疊遭，備嘗艱苦，徑入終南深處，擇岩下石穴居之，不火食者數月。誠感雲房仙祖化身默化，口授大丹真訣，余如訣行持而起火，凡經五十次。維我心匪石，乃默契迴風混合之天。假當年寸念游移，或九仞而虧一簀，則安得謬從七祖後，爲他人作嫁衣也？今日者，心法詳明，示機緘於滚芥，投針而無微不入，則甚矣後人之幸！視予曩疇之辛苦，奚翅雲泥矣。然而予以幼沖人而濫竽七祖文章之末，所謂珠玉在前而形穢，小巫之見大巫也。後之有感於斯者，其毋索我於形骸，而徒執語言文字。

三山笛史韓湘謹題

心法發凡

書之作非偶然也，蓋必其精神命脉蓄極而未通，而復以其有薄於中者，若天地之絪緼化生，鬱浡而莫能自已，於是宣之而爲論，勒之以成文，灑灑洋洋，如雨蘇苗，如川赴海，攡華摛藻，慘淡經營，求以達其意而止。書之作，豈偶然哉！顧書以道意，而意之所注，渼淼而莫揭其倪，則觀者將望而若驚，茫乎莫窮其畔岸，且目其言爲弔詭，而加以不甚愛惜之思。是以古人成一書，每弁其端以凡例，有以樹之鵠，斯用志不紛，乃凝於神。矧是書也，指一世之迷津而登諸寶筏，啟萬年之聾聵而度以金針，則取精神命脉之所憑，而導夫先路，斯不迷於其所往，乃恍然於爲道之易明，而其爲教易從爾。爰作例言十六條，冠之於篇首。

曰若稽古，性與天融。龜蛇龍虎，代有飛翀。古道遠姚，金丹敝屣。聖教淩遲，伊於胡底。開宗演化，鏤骨鞭思。香浮法界，輝映彤墀。右發源。

兩儀垂象，三教和倪。儒承孔孟，釋證菩提。道以心傳，心緣法定。守一抱元，蓬壺捷徑。人偏蔽錮，視若歧途。撥雲見日，何事踟躕。右醒世。

天何言哉，因人宣化。靈爽式憑，匪虞匪詐。邪難勝正，贋莫亂真。矧玆奥窔，周密精醇。剔抉爬羅，心梳意織。人力么魔，庸能舞墨。右辨誣。

積火鑠金，積毀銷骨。侮聖詆玄，咎有逸罰。惟人練道，性命均調。非耽聲色，罔涉虛囂。祕密沈酣，真常湛寂。簧口鼓奸，自貽伊戚。右弭謗。

八洞丹經，卷分十六。立志造端，飛昇完福。選辭冠首，畧點機關。聯珠合璧，按部就班。躐等躁心，羊亡歧路。緩轡循途，波羅已渡。右提綱。

既揭宏綱，纖微具備。縷晰條分，文無剩義。神機變化，妙諦參差。流連詠嘆，讚揭歌詩。有要有倫，惟精惟簡。積黍累銖，增高繼長。右標目。

築基煉己，兼營合匯。爐本意安，藥非虛採。烹丹行火，一日數週。卷分起息，言發言收。結固爲懷，養卽是產。行積艱貞，功行天壤。右校訛。

金胎神室，專指中宮。安爐道此，實異名同。坎離交姤，淺深宜味。深則真精，淺爲子氣。丹田三宅，言上卽中。泥丸之斂，乃極上宮。右釋疑。

道由言著，文以字歧。魯魚亥豕，疑益滋疑。青錦之緇，白圭之玷。棘目聱牙，怠生之漸。厥編既訂，畫準金函。嚴蒐讐校，謬盭胥芟。右正字。

六書載啟，文教斯興。篇分結構，句有準繩。如坦解牛，如工切玉。劈理分肌，斯無蹉踽。矧乃玄妙，叵使囫圇。勤施點畫，致我丁甯。右教讀。

於昭太上，道德名經。文含貝玉，字發芳馨。惟此鴻章，伐毛洗髓。璧采藍田，金分麗水。述而不作，仰溯名言。匡時翊教，遥契心源。右承徽。

心頭玉局，眼底瑶京。滿蹊茅塞，遂阻雲程。悶走馳車，無津得渡。闢此周行，亦趨亦步。燈明暗室，日朗霾天。精光既徹，待爾先鞭。右闢徑。

咄哉祕髓，心血既傾。夜光吉羽，鄭重分明。什襲珍藏，焚香熟復。探頤鉤深，警心觸目。毋爲起穢，毋作神羞。輕心掉矣，體道奚由。右戒褻。

神以斂凝，思由濬出。研慮覃心，訣斯畢悉。非矜鬬巧，構此羅文。玄機邃密，寶儗典墳。夙鑄良因，深求自悟。漏向閻浮，金科可怖。右存真。

比之匪人，易垂明戒。慎乃薪傳，毋俾城壞。悟於邪曲，授鉢傳衣。泥沙珠玉，厥咎有歸。告爾後真，大公可願。相士有宜，寶茲成憲。右遠匪。

奥旨鴻章，以介爾祉。價重百城，非金可市。倘違玄律，納賄希榮。遂輔祕笈，弋取名利。日監在茲，罔有攸赦。欽哉欽哉，天休肅迓。右禁鬻。

右例言十有六條。皎夢流慈，表羣聖著書之願；翹車艤楫，開萬年來學之程。懸鏡影於層臺，略揭波羅密諦；詔薪傳於素筴，旁招誕岸先登。呂聖功夾袋初張，網盡珊瑚還照海；狄仁傑公門已闢，栽來桃李看成蹊。分與鳳毛，好作儀庭之瑞；探將龍頷，毋爲按劍之投。勸懲具有深心，不是遊仙誇綵筆；珍賞定多知己，願因說法浣紅塵。爰瞻紫氣之光，傾囊以贈；倘接青雲之武，連袂而升。

三山笛史韓湘書

天仙金丹心法弁言

太極以前尚略矣。太極以後陰陽剖，陰陽剖而五行生，而五行二氣之精要，皆胚腪於一元，而各還太極。故地以之久，天以之長。人以之證仙班而與天地合其德。夫仙也者，全乎二氣，化乎五行，復還乎太極之原，變化神明而不測。而其實則守吾常，備吾道，不滯於有，不淪於無，靈臺曠如，三寶充如；入乎玄，合乎法，盡性致命而以達乎天，如是而已。雖然未易言也。以如醉、如癡、如猿、如馬之心，而開之、而醒之、而死之、而純之，靜遠深沈，煉情而返性，遺形釋我，萬甚通靈，此非發奮其所爲天下雄，則安得以百年易盡之身，卒與清甯同不朽？顧天地推此心以予我，我分天地之性以成人。我心卽天地之心，我性卽天地之性。是故以吾之理，煉己之心；修己之心，而以復己之性。夫能復己之性者，所以存天地之性，以見天地之心也。由勉然以入自然，由自然而歸神化。真元湛湛，聖真其殆一天矣。是道也，《大易》藏其蘊，五千文字孕其精，而《心法》一編則顯其微而闡其幽，獨洩古今神聖未傳之祕。夫道因言塞，亦以言傳。其言之而塞於言者，言非所言而道其所道者也。言足傳乎道，道乃待言矣。《心法》之言，言衍道心而揚道法者也。不躋於恍惚，不涉於筌蹄；晦者明之，繁者簡之；難且遠者，切近以迎之；掃蕩其歧塗，剖分其疑似；混惽之界，而又於其機之不容輕洩者，寓之於約達而微臧，斯其所謂鼓舞以盡神，化裁以盡利者耶。昔者唐帝鑑觀乎《河洛》，而開十六字之心傳；八祖通《道德》之真詮，而《心法》廣爲十六卷。嗚呼！其旨遠，其意微矣。心八祖之心，法八祖之法，道異於耳食，而抗心於五城十二樓之間，備吾道而守吾常，非異人任也。夫而後天開日朗，全性命於神奇，與二氣合其靈，與五行合其運，與天地合其撰，而與作書者之願始不相負云。太玄上相降魔大天師漢張道陵拜題。

闢破鴻濛總是春，春融八卦散天均。一生水矣二生火，坎離既濟配元真。先天卻藉後天補，欲補後天精是主。精滿丹田藥可求，規中一息調龍虎。氣足元精化作雲，靈通七竅神氤氳。既經交煉還經反，只許團圞不許分。巽風鼓動神光起，子午烹調卯酉止。結得光明如意珠，非青非碧亦非紫。撞透三關鎖鑰開，神龍五色捧珠回。珠回碧海光華斂，孕就蓬仙掌上胎。蓬仙顧復經三載，頭角崢嶸紛異采。長嘯一聲劍劃天，朝遊五嶽暮滄海。另闢乾坤見丈夫，抱元守一飛清都。回眸笑看紅塵道，觸鬬蠻爭隙走駒。吾身自大乾坤小，跳出乾坤游物表。靈槎何在在靈臺，只恐迷途自潦倒。金丹真諦古難尋，《心法》無多值萬金。今日剖分玄妙理，心中有法法從心。雲房主人鍾離權題。

八祖《金丹心法》成，揭盡廬山面目神。探月窟理躡天根，突前人而惠後人。功德與恆河沙等，諸天贊嘆，咳唾成珠，正襟莊誦之餘，欲言而擱筆。惟有從諸君子後，矢歌以落之。歌曰：乾坤混闢無贏縮，一箇葫蘆圓轆轆。包裹先天帶後天，生機一點春濃郁。可憐取次鑿元真，耗斁精神生氣蹙。郫更塵埃日夕埋，形體捐棄趨溝瀆。終南八祖散陽和，化雨東風頻往復。露湛陽晞不憚勞，春臺只待幽蘭馥。大悲大願幾人知，萬喚千呼如痛哭。寸寸慈腸化彩雲，雲端落下珠千斛。斛燭幽都輝黍谷，攜歸莫只藏書簏。焚香再拜拂牙籤，索隱鈎深時寓目。豁落一聲心境開，天香繚繞梅花屋。自修自已自安排，萬載元基從此築。五嶽三關一線通，穿龍穿虎功神速。龍降虎伏共朝元，紫府真君調玉軸。玉軸鈞調會衆仙，蓬萊絶頂崑崙麓。一朝證得大羅身，須感丹經貽介福。福語萬千章十六，殷勤度盡神仙族。我今拍手作長歌，指點嚶鳴上喬木。太極内相飲湖道人葛洪稚川氏拜題。

法者何？丹法也。心者孰謂？傳者之心也。法者準繩，麗以心，法斯運，心靈而至幻，範之以定法，弗縱而歧，故析而分之。法無爲，心有覺，通而統之。法非心不立，心非法無依。心法云者，列聖之心傳，即成真之寶筏也。然以心化法，貴渾而融。善法以馭，心宜盡利。若有法，若無法，若有心，若無心，乃爲心心法之心，法心法之法。且心者理也，法者權也。理善權，權濟理。此傳書祕諦，而化而裁之者也。是故心法之傳也，傳心以傳法也，於所曾爲者道之，即於其所不能道者而爲之，於前人而錯綜參伍以通之，即合天人而微顯闡幽以泄之，心良苦，法綦全矣！心我心，心斯不負；法吾法，法迺弗虛。探其玄，索其隱，蒐其祕，致其精，則存乎其人，而非傳心法者之所能與也。鐵杖老人李元中漫識。

無不公之道，則卽無不揭之心；有共白之心，則卽有相沿之法。然而法可法，韄非法；心可心，漗非心。法印於心，若卽若離，以觀其妙。是爲心有法，法在心。且法以心傳，卽心卽法。韄於法，膠瑟而刻舟；漗於心，破觚而偭矩。不以心捐道，不以人助天，冥於法之中，而陶冶於心之用，連乎其有劀，而與乎其觚而不堅也，如是焉爾已。是故其好之也一，其不好之也一。其一也，一其不一也。一其一與天爲徒，其不一與人爲徒，天與人不相勝矣。夫輪扁之術，得之於手而應於心，口不能言，有數存焉。於其間，而父子莫能相喻。法無異法，而糟與魄之忘不忘也。雖然，不範不模，而俍俍乎師心以逞，是又儷工倕之指，而求器不苦窳也。自本自根，神動天隨而炊累，肖心於法而不柴於法，一心無翦翦，諸法不僊僊，斯十有六卷之通變而盡神，傳以心，傳以法。蓬萊道人張果題。

君子咏伐柯之什，而知心法命名矣。夫合土範金，必假型模以利用，而況功由下學，漸躋於希聖而達天。莫爲之前，則亦莫爲之後耳。然以斧柯之有象，而必假諸在外之準繩。凝神睇視以來物，猶與物兩相薄，豈若内求諸靈舍，欲仁而仁至者，初不勞外鑠以相成。此八祖金丹，肇嘉名以《心法》也。抑此心此法，要非掇獲之名也。本身心已效之事功，爲後學引而入勝，導之以先路，示之以已經，是則其塵垢秕糠，猶將陶鑄夫堯舜者也。是故著金丹之法，卽以傳列聖之心。心以法而能收，法以心而善運。卽心卽法，卽法卽心。心靈而法悉神奇，法悟而心尤活潑。迨至心空法化，湛然意象之于于，則且不知何者之爲心，而法於何從寄矣。雖然，不讀金丹之《心法》，猶悵望蓬山，雲霧擁之而遠也。讀焉而不習，習矣而體驗弗精，亦猶之乎既入寶山，撒手空歸，而無所得也。嗚呼！八祖傳書之願，至拳拳矣。傳書而不厭其詳，夫亦懇乎其至矣。學者神明於定法，而卽一心以印八祖之心，心同者法同，我知其必有合也。後人勉之矣！借使峰迴路杳，幾窮於境地之難通，而洞口漁郎，必遇秦人之指示。況《心法》之彰明而較著，朗若日星矣。是書也，授受凡三載，爲陵爲谷，幾驚心於水複山重。而予以菲材，謬叨不棄於諸君，俾令左提右挈，乃竟以挽回於中路，而宛轉玉成。始知艱鉅之圖，有甘苦之備嘗者，其所由來非易矣。予故於告成之日，幸後人之坐享成功也。附以數言，深願後人之珍重。天樞上相妙濟道人許遜謹題。

昔吾夫子至晚年，自謂從心不踰矩。夫矩者法也，從心而不踰，卽法卽心也。八祖金丹書既成，顏之爲《心法》。心法云者，以示從心之所欲，知自圓而行自方也。嗚呼！其旨遠矣。予也正襟危坐，口誦而心維，大都理則貫天心，結想精思穿月脅。而墨舞筆歌之渾脫，則漢唐晉魏各擅其長。後學有心人，妙解斯文三昧，靡不衰蘭振澤，靈繭生香矣。夫仙分五級，惟大羅爲無上正宗，萬刼千塵、地圮天傾而不壞。是書之祕密，大羅心學慧燈也。修真而不法大羅，則是自甘於小就。法大羅，而不究心於《心法》，是不知其所謂矩，安能不踰而從心。《心法》之傳，誠地厚天高，父母生成之惠也。予自慚淺劣，僅足窺玄豹之班，而大義微言，束手於一辭莫贊。顧以恩叨部領，竊借大羅諸君子以揚光，榮分侍從之先，職宰清華之要。但使後來俊彦，絜矩以從心，增吾黨之光華，壯大羅之氣焰，是爲八祖傳書之願，而忝居領袖者所矚望其接武而來焉者也。故莊誦之餘，不辭固陋，而僭爲之序。大羅班首居居道人蘇朗敬題。

真元湛淡，迴一氣於天門；妙法圓明，構三靈於地户。玉燭印乾坤之照，日月增輝；金繩維遠邇之防，山河耀采。運靈樞而闔闢，四禪暗室覩青天；懸慧劍以招摇，三昧雄關紛紫氣。法雲自在，吐納龍宫；幽谷生温，飄颻鳳律。則有巍巍八洞，開覺路以揚鑣；落落千言，渡迷律而鼓枻。擷羣英之芳潤，嚼蕋吹花；成一代之宫商，敲金戛玉。何光不定？願在盤珠；此意誰同？書長蕙錦。瞻海立雲垂之象，可知工部雄才；誦天驚石破之謡，多謝女媧妙手。予也光分鹿洞，序附鵷班。窺意匠經營，穆風聲於智府；緬神工慘淡，澄月色於靈臺。如傳闕里之書，倩紫微而朗映；似送層城之璧，憑青鳥以遥飛。甯惟綵筆生花，作架藉珊瑚寶樹；直邁玄亭吐鳳，裝書將瑇瑁雕梁。既三春之雨露濃濃，斯九畹之芝蘭灼灼。維兹美玉，何容韞匵以藏；試看關車，共仰高山而至。戴花道人海蟾子劉操頓首拜撰。

法必有真傳，傳有真諦。而後人之作僞者，乃漸至於浸淫頗僻，假爲邪説以誣民。然觀魚目與碔砆，而夜光明月之珍益重。有心之賞識，蓋真假終難掩蔽。而第自精其藻鑑，得失分明矣。故見御女之狂言，而知取坎填離爲樂境。見丹燒爐火，而悟結胎養嬰爲正宗。見焚符伏劍非證聖之階，而知闡教濟人爲實得。形神有專注，而拾級以相赴者，歧路莫得而摇之。乃自人之厭故而喜新也，邪説之可甘，喪身家而弗恤也。迨至禍機已發，始悔心於末路之難回。夫豈知今日之所流毒，早基於昔日，而昔日所甘而厭者，真與假之未區也。是書演大丹之祕，揭真諦以予人，不任情而斂以心，示修性而根乎命，以中和爲極，以仁義爲標，五千文指授以來，未有若斯剖晰者。蓋八祖以親嘗之甘苦，懸登假之津梁；即一身已效之程，開萬世無疆之福。仁者之言其利溥，而誘人之願宏矣。是故法傳天壤，則以一心證萬心；心被人間，則通活法爲常法。心離法，則心不正而他歧；法離心，則法亦靈而莫運。維靈維正，舍《心法》將不知其所之焉。不知其所之，則安知其不蔽於邪途，而以魚目與碔砆爲明月夜光之珍異？顧誤歧於假法者，未窺真諦之傳者也。既傳之以真諦之奇矣，則又安有見明月夜光尚寶碔砆魚目者！甚矣！《心法》之提攜後學，而作邪途之獄吏，功德如天矣。嗚呼！目擊道存，幸神奇之已揭；言忘意得，惟臭味之相求。祝融山外之芙蓉，肅迎紫氣；泰岱峰頭之冰雪，佇沐清風。通明上相守拙道人長春子邱處機稽首敬題。

昭陽作噩之季秋，予適膺侍直，會檢諸疏本，得八洞帝君彙奏文，蓋憫人世之迷懵，而欲著丹書以醒寤也。予覽之未竟，不禁軒然眉舞。曰：是誠先得我心者哉！一舉而超億萬塵，其惟斯劄矣。夫擾擾寰區，播糠瞇目，若樹之抱蝸而自蠹，若蛾之愛火而自焚，隙駒蕉鹿之勞勞，誰解道爲何謂。至若深山羽客，避地幽人，鐘破晚烟，魚敲早課，侶清風而友明月，餐巖柏而咽嶺霞，蒲團坐破長年，藥鼎烹殘活火，而乃自生駢拇，歧路亡羊。雖嘗棒喝灰心，要只盲敲瞎打。或師心而自用，或迷徑而忘歸。甚至高明指示以真詮，而彼反疑其謬戾。是所謂若狂之國，見不狂者，而轉訝其狂也。顧其所受真矣，所趨正矣。德爲汝美，道爲汝居矣。知心無物而閑其心，知物無物而袪其物，知道無物而惟知與道爲依，意不分營而邪說人言之悉屏，功無或輟而半途中路之弗甘，亦幾幾乎與道凝，而神亹亹來會矣。而卒致離而不合，不得底於窮神達化之天者，大率危微要渺之所關，傳者未盡傳，而受者復無從而考据也。夫聖神之功化，原非有艱深隱僻之端，而失以微芒，竟至相懸萬里。迨夫徒勞而罔效，而遂共誣大道之玄虛，此人心所以日即於迷懵，而列祖不獲已之懷，欲著書以覺世也。越三載，丹經乃告成，予讀竟終篇，而嘆心源已揭矣。理無微而不徹，機有緒而交聯。文異水而湧泉，筆非秋而垂露。慈航廣博，人人誕岸堪登；慧日揚明，在在迷途可悟。

誠所謂文無剩義，而筆有餘酣者耶。夫列祖以上聖之才，現身而説法，微言奥旨，游夏不能贊一辭，則安容以蠡測之私，貽羞於大雅。然而志合者蓮心可采，情符者蘭味甯忘，占寶氣於連牛，望練光於曳馬，覺當年先得我心之願，油油如也。爰拜手而弁數言，爲吾教有心者慶。並自快是書之始終，得與而序之，以志予之觀厥成。海南後覺白玉蟾稽首拜撰。

嗚呼！著是書者之作法而因心，亦太苦矣。蓋煉心以法者，以是書之法爲法，即以予輩之心爲心；而傳法於心者，則以千萬人之心爲心，復統千萬年之法爲法。夫法莫繁於往古，而人心之不同，如其面矣。乃統不同於一致，使之皆印於吾心。通古法之紛綸，錯互而難齊，而約之以規矩準繩，不謀而畢肖。嗚呼！以是而言《心法》，《心法》亦難矣。顧予從立志以還，迄於積行、行功而面壁，原非擾擾於分條逐節，龐然雜遝其心思。然而十有六卷之云云，又未嘗不循其序以相乘。而俾法有纖微之未備，則以予一人所獨徵。諸七祖而皆同，是道成於七祖，與予一人者，即以達乎千萬人，而千萬人猶是也。若是者何也？蓋約之以準繩規矩，自可統不同而致一同也。乃統不同而可以同矣，何以超軼羣倫而奮青雲之路者，敻乎其若絶，而茫乎相望於古今之間？視國家之歲進數百人，不啻相懸萬萬也。今夫有是心而不知法，則葉公之好龍也；知法而不屬於心，猶舍饘以嬉，薄功而期厚饗也。此予輩之金丹祕髓，馭心以法，而運法於心也哉。然承心法之傳者，知運法於心，必先識夫賊我心與養我心者之曷若。馭心以法矣，而要參乎拘法離法之皆非，以予輩之心爲心，而善得夫是書之法以爲法，釋回增美，栩栩然於意無意之間，斯法咸歸於一心。乃如予輩之煉心煉法，而統名之以《心法》，所以萬法原皆一貫，而散之則脉絡分明，洎真積力久而功成，則舉是編十有六卷之云云。且忘象忘言，冥淡而空，諸所有又烏覩？煉心以法，運法以心。歧我於人，印人於我，今古不相及，而相待以有成也。然而著是書者之作法而因心，亦太苦矣。醒眼道人曹器杰題。

太上曰：「使道而可獻，則人莫不獻之於其君；使道而可進，則人莫不進之於其親；使道而可以告人，則人莫不告其兄弟；使道而可以與人，則人莫不與其子孫。」言道不可傳，貴自得也。自得由心悟，猶大匠之示人以繩墨，巧則存乎其人也。是以《道德》五千言，含天地古今之藴，而言不盡意，意不盡言，變化神明，以待後人之研究。嗚呼！誼何美，恩何明也。《金丹心法》諸篇，視五千言而倍矣。非好爲艱苦而瑣瑣焉不憚其煩也，蓋其心與天下之人之心相關於息息，遂覺天下古今之心志皆等於吾心。心同者理同，而無不可與於大公之道。夫是故肫肫乎莫解，而直欲以天仙化人之願望大千也。然教可施也，而情不可以强也。無可私之道，而不皆爲可以語上之人也。以畢罄其中藏者，取金針以度與；即以引而不發者，俟其人之自致於修途，其循循而畢赴其程，作書者所厚望也。其或自迷於所往，以及遲疑畏葸而逡巡，此則伊戚之自貽，而作書者無過也。嗟乎！吾道自純陽演化，宗風如日月之明。北度七真，南延五祖，各以師承相授受，而窮山絶谷，代證飛翀。然閉門造車，罔不出門合轍，此其故何也？大羅之衣鉢，固未有別開一徑，俾致聖神功化之能者也。顧書不盡傳，傳之而義多未盡，甚或相沿以口授，有心者至有鐵鞋踏破之悲，則觀《心法》之指陳，亦可以慷慨奮興，而知南北淵源之奥矣。夫學者優柔饜飫，以馴致於從容自得之天，雖師友父兄亦袖手而莫之能助。然果冥心以孤詣，而毅然百折不回，則雖智盡能索之餘，必感神明之引翼。而況周行之示也，若玉山也，亦何畏何疑，而自封其畛域也？然則是編之著也，指大羅之徑，而闡五千言《道德》之微，作書之願殷然矣。而後人之獲遇此良因，誠亦千載一時之會矣。釀花墨客藍養素題。

法有靈乎？塊然而不自靈也。心有靈乎？心則虛而至靈也。以至靈之心，運夫不自靈之法，則至靈者靈乃躍，而不自靈者相假而無之乎其弗靈。且夫古亦一日月，今亦一日月也。《金丹心法》固疇昔之所效靈，而得乎手，應乎心，卽身以示教者也。靈於古者亦靈於今。八洞之金丹，亦卽億萬千人之祕髓。心我法，法我心，無之而不靈，則至靈者靈益躍。乃或不求其甚解，解焉而疑信相參，參法於心矣，而心不與心相印，則法無自靈之法，而至靈者終弗靈。然而授《心法》者之苦心，欲祕則不能，盡揭其倪而不可。脉脉相維之隱，不堪持以語人，而欲諒夫作是書者之苦心，亦還而證之於不自靈而至靈者之《心法》。盍縷道人何淑清識。

青牛氣逈，玉函流《道德》之香；黄鶴樓空，雲影繪蓬萊之采。向五明而闢路，潛敷日月光華；資雙翼以培風，糤起鯤鵬氣焰。故因心立法，分慧照以熊熊，而運法傳心，閟真源而湛湛。揮一柱一絃之節，從將脉絡分明；望三熏三沐之誠，莫教塵埃卻著。則有黄芽白雪，劉漢將軍；玉鼎金砂，李唐進士。鐵杖撑開世界，霞端烘賸相之丹；金針繡出鴛鴦，洞口浣媧皇之石。三尺簡，獻驢背，曲響振雲窩；一阬花，艷火中，蓮香縈玉笛。辭戚畹光輝之盛，閒遊島外烟蘿；採乾元混沌之和，笑看人間富貴。蒲龕説偈，飛來雨舍天花；匣劍藏鋒，泣斷山精野鬼。開暗室以金燈寶炬，爰請敕而傳書；泛慈航以錦纜牙檣，遂臨壇而捉筆。花明曉樹，陽晞湛露之天；雪捲寒濤，影靜澄江之練。語丁甯而不厭，何妨集腋成裘；辭祕密以能明，詎止攢花製錦。聯珠合璧，追入夢之堯賓；授鉢傳衣，想散花之摩詰。蓋願歷三千法界，依覺路以長驅；何辭分億萬靈心，斬邪關而寂照。余也沖齡志道，壯歲從師，嘗歷刼於三經，幸成功乎九轉。緬追隨鶴駕，秋殘螢火借吹嘘；欣遍誦鴻章，井底蛙鳴難擬議。十六卷清圓朗潤，蟾蜍之魄三秋；數千言典贍高華，鸑鷟之翔萬里。文皆載道，遥窺曲阜薪傳；語必驚人，不假如來棒喝。剖玄珠於赤水，詒白玉於藍田。誠丹學之龍門，而道家之鳳羽也。試看意花，不染蕙蘭，同臭味之馨；還瞻心樹，爭攀桃李，擢宮牆之秀。幽禽遷木，隨綵鳳於帝梧；鳴石在川，應黃鐘於仙琯。可比莊周，栩栩幻出前身；自同羊祜，嘻嘻歡生再世。欲歸功於天地，天地何言；斯衞道於古今，古今不朽。名高八斗，詎云曹植才窮；義邁三都，甯直洛陽紙貴。只恐罡風攝影，護持煩管領之神；須從化雨飛甘，噓植慰東皇之望。紫陽道人張伯端稽首。

天仙金丹心法題詞

曩者《金丹心法》書成，予曾跋識卷末，今重訂全書，自無庸再贊一詞。謹誌遺事，以補書中未備，而詔來者。按此書十六卷，第十二卷本擬名《産嬰》，十三、十四原擬名《出神》、《斂陽》，下卽直接《面壁》、《飛昇》。因我孚佑帝師面奉元始大天尊寶勅曰：「至道宜簡不宜繁，功行患少不厭多，可將《出神》、《斂陽》併入《産嬰》之内，改名《養嬰》。添入《積行》、《行功》，俾學道之士既獲身修體煉，且得道備德隆。倘無功行，陡接《面壁》、《飛昇》，亦不過大羅班末郭喬輩耳。」我孚佑帝師甫奉此勅，卽至壇云：「聖境靈通邁紫宸，殿前别是一流人。天尊著意金丹訣，反覆殷勤囑小臣。」遵改後，復奉玉帝持勅，派孚佑臣傳《採藥》、《結胎》卷，云「可曲盡精微」。是此《金丹心法》雖成於八祖，而實我孚佑帝師一人之慈心結撰，始終其間，以克底於成。而所遇之委折，蓋難盡述。學者試取《採藥》、《結胎》二卷，細心繹之，當知隱括全書前後精微矣。則卽以《心法》作專著觀也可。

宏教弟子柳守元熏沐題詞

天仙金丹心法

八洞仙祖合著
三山笛史韓湘著

第一立志

仰止崇山，心欲登而身卽到；羈縻密網，數難避而理可回。懸慧劍於靈臺，斬斷邪關都匿跡；握神樞於智府，衝開法界任扶摇。故鐵杵磨針，不廢半途終造極；石盤作蓋，甘居死地得長生。索祕妙於寶笈琅函，務效蟻珠尋曲折；葆性命於琳宫鏞宇，甯將繭緒苦糾纏。奮玉斧以開基，端憑意匠；啟金繩以覺路，朗注情田。深斯入道之源，以闢修真之要。

仇俗

宇宙一積情之府，而情卽造孽之媒。情以引其情，遂流蕩而莫知所屆。是故情濃於妻子，則畢世馬牛；情熾乎利名，則終身纆鎖。嗚呼！纆鎖馬牛之業，何在而非造孽之媒耶？且卽於用情之地，無以累吾情。而世緣未決其藩，則有用之居諸，汩於俗情而坐失。追至鐘鳴漏盡，撒手而空歸，乃悔沈蕩於昏波，而俗之累人大也。古者高人達士視俗如仇，蓋深知妻子利名厚吾生適以賊吾性命也。洎丹成九轉，尊榮於億萬斯年，祖禰之精魂，且重聚三生石上，視塵累之馬牛韁鎖相遠何如也！故仇俗之仇，正以能仇同萬福。

詩曰：流光如水不迴瀾，難把優游救老殘。
　　我洩玄機聊破夢，返童須覓大還丹。

探道

太上演經，廣成談道，遂以啟苞符之祕，而奥旨以傳。大言之則布濩乾坤，而歛則退藏於密。可分、可合、可卷、可舒，化腐臭爲神奇，綿一息於終古。道可道，非常道，而爲道微矣。顧所見異辭，所聞異辭，所傳聞又異辭。討論之未精，不能知止而有定，何以窮乎其至變，統宗而會元？故就正高賢，參稽載籍，復本以澤山之虚受，執中而不失其權，至道之精，亹亹來會矣。《鶴鳴》之賦曰：「他山之石，可以攻玉。」云有藉也，延訪之殷也，善納誨也。吾爲探道者誦詩。

詩曰：庶物蚩蚩負氣來，惟人靈秀有根荄。
　　窮源探取先天祕，覷破玄關笑口開。

七十子之徒，得杏壇而具體。而西來大意，六祖傳燈。吾道之淵源，亦若是則已矣。夫師以强教，金針非靳於後人。然而匪我求童蒙，童蒙求我，志應也，感以誠也。康成之擔簦，游楊之立雪，故道成不朽，甚至青生於藍而勝藍。顧德無常師，一良鳥之擇木而栖也，擇之不精，必且下喬而入谷。附訪師心訣，待善參：

真輕雙齡舉紛非精如停假紋道門燒魂或深倘親
者身眸童止紛本氣斯留者蛇巾旁黃招爲幽其相
孰健炯鬢瀟答直與内勿孰帶道涉煮物大道失勿
是足秀鶴灑對論神外切是眼服語白攝術莫察慎
亟貌内骨言旨卽品所難面頂粉蜜御法反奥玷道
觀道蘊頂語玄據三遇辨黑鶴飾如女小火玄污正
其然光袞清以丹聲乃疑神無儀口採施呼談清心
形岸明巍新叩經聲真質昏頭文厥陰或霖與名有

詩曰：真藍淘濯出高青，紹述仙宗認典型。

邀得月輪開北斗，光風披拂侍玄亭。

秘文破译：

真者孰是？亟观其形。岸然道貌，足健身轻。双眸炯秀，内蕴光明。巍峩顶骨，鹤发童龄。举止潇洒，言语清新。叩以玄旨，对答纷纷。非本直论，即据丹经。声声三品，神与气精。如斯内外，所遇乃真。质疑辨难，切勿留停。假者孰是？面黑神昏。头无鹤顶，眼带蛇纹。道巾道服，粉饰仪文。厥口如蜜，语涉旁门。烧黄煮白，御女采阴。或施小法，摄物招魂。或为大术，反火呼霖。与谈玄奥，莫道幽深。倘其失察，玷污清名。有心正道，慎勿相亲。

破译说明：

此段顺序是从右上角「真」字起始，由右向左横读，下一行再由左向右。往返逐行向下读。

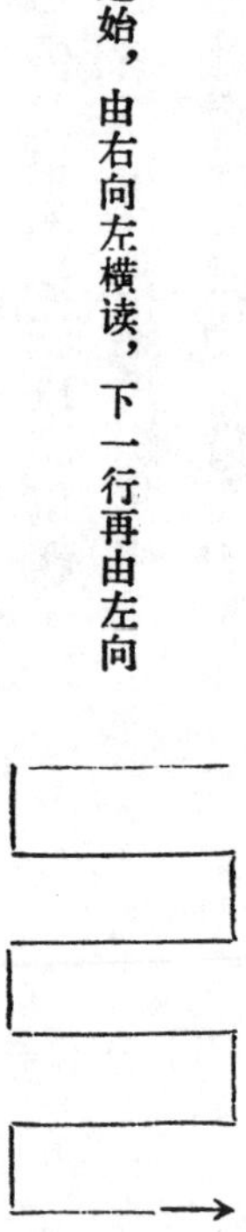

質友

孔子曰：德不孤，必有鄰。言志孚也。而淵明亦以疑義奇文，必待同心賞析。則中心之貺佽，我亦良難。而矧性命之圖，擇交尤鉅。故附以質友切論，詔爾後賢。顧風雨廬中，既已卜周行之示要，必推心置腹，略無我詐爾虞。斯以叶于野之占，而佐嚴師所未逮。

流露於面顏印堂與鼻端紅黃而潤遇此人而隆以

早生以告罄交我與樂必誠積以之感受謙以之禮
氣平舌不談故作深藏之態此包藏禍心之輩覩貌
道所捫胡害受中術墮一耳財資取詐目名借深交
中得或底哉廋焉人色其觀而言其察壞胥道言以
胸失抑探道者其留意防之損益兩途判然家淺腹
然之吾右而支左要切及問忌無言大即時面交心
奥交臂抱憾終身矣至若冠裳艷麗既傲且狂或本
玄談輕肯不凝渾必貌士之沈深故愚若智大曰古

詩曰：卜築巖阿樂隱棲，素心願從白雲齊。
空齋永締金蘭譜，並坐無言聽鳥啼。

祕文破译：

古曰：大智若愚。故深沈之士，貌必浑凝，不肯轻谈玄奥。然胸中道气，早流露于面颜，印堂与鼻端，红黄而润。遇此人而隆以礼貌，交以腹心。本或交浅言深，睹之以谦受，感之以积诚，必乐与我交，罄告以生平所得。失之交臂，抱憾终身矣。至若冠裳艳丽，既傲且狂。面时即大言无忌，问及切要，左支而右吾。抑或扪舌不谈，故作深藏之态。此包藏祸心之辈，借名目诈取资财耳。一堕术中，受害胡底。探道者，其留意防之。损益两途判然，家道胥壤。察其言而观其色，人焉廋哉。

破译说明：

此段顺序，用引线表示如下：从左下角「古」字起始。

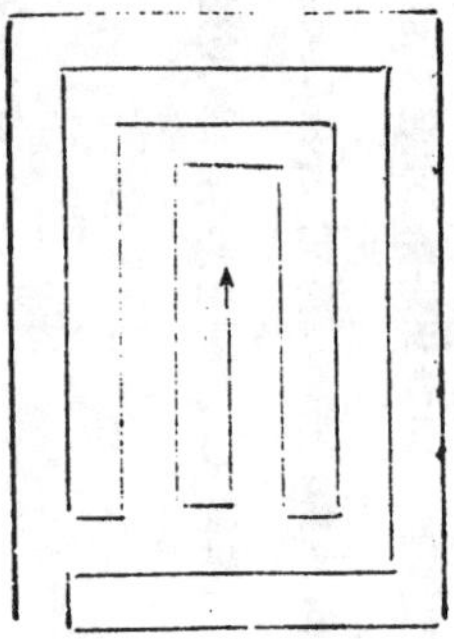

偏採

《金丹心法》，集腋以成裘，實薈古今丹訣之精華，而畢羅其要。而立志猶資偏採者，堅後賢之信，而驗錯綜參伍之奇也。今夫揚赤壁之帆，則樂其恬靜；望黃牛之峽，則驚厥險奇。洎觀乎大海洋洋，乃嘆滙百川而王百谷。而細流不擇，愈以益其深。且諸集之言，亦各自抒其所得。然死生之界，要害之關，究未嘗別剏新奇，迷其正旨。但有詳有畧，有粗有精，有淺有深，有顯有隱。致其異，統其同，乃知心法之苦心，而觀於海者難爲水也。故曰堅後賢之信，驗錯綜參伍之奇也。

詩曰：靜啟瓊函玩祕文，鈎玄叵許剩餘芬。

參明藥火清真旨，好結元嬰現彩雲。

遠追

收心十二時，放眼三千界，古人自命，誠有味乎其言之故。上下千年，非直比方人物，絜短較長，蓋將於尚論之餘，懸一的以相赴耳。是故人上於我矣，而人之上有人焉。處下闚高，由遠而溯洞至遠，抗心翹首，誰靳而封之？且前喆之蹤，後人之鵠也，士君子冥心孤詣，無憑藉而猶興。矧往聖可師，胡不以神兩相印？惟卽古人之終始，鐫髓而旌心，讓以先登，而不許其獨步。安必效法乎上者，僅得乎中也？故以遠追爲量也。

詩曰：艷陽烘染百花洲，水閣山亭快意游。
忽見孤峯天外迥，開襟更上一層樓。

戒欺

戒欺者何也？所以誠吾意，盡人以合天也。天以理爲衡，理以心爲宅，心安則理得，理得則天全，故修真必自戒欺始。且心爲神舍，神以孕氣，氣以生精。虛憍之未融，安得固精、凝神而養氣？況欺之未戒，則情涉浮游而真意不生，曷以妙返觀之用？惟立心應物，毋俾一息矯誣，則意罔不誠，人盡而天心合矣。无妄則可盟金石，中孚則可格豚魚。此戒欺爲天德王道之大閑，亦卽修真之要旨。

詩曰：拂拭心田舊異香，秋蘭紉佩菊爲裳。
取懷不假秦銅照，肝膽分明皦雪霜。

求慊

人心本至虛，至虛故靈應，靈應故能披剥萬象而見己，而以至虛合太虛。洎情爲物遷，重以百端交集，遂使靈光一點，蔽於愁雲苦霧中。如猿哀秋，如卮漏底，寖銷漸牿，神摧氣索，而精血枯矣。迨至因緣而生覺，參幻以知空，而一綫之清明，不敵七情之隕穫。是故達五明之路，朗耀情宮；疏八解之源，澄清性海。要令躊躇滿志，取之一體，而皆逢青山白雲。江湖之水湛然，可復有未慊之憾耶？寸衷高朗，百體充盈，此爲築築基之基，而先煉煉己之己。

詩曰：輕甯一氣轉神功，復姤往來遞嬗中。
三十六宫春意盎，鳶飛魚躍覺天空。

勤始

學者邁征之詣，力端重乎始基。譬若稽田既勤敷菑，乃得修陳其疆畎，梓材勤樸斲，而後來之丹雘可加。由邇以陟遐，君子所爲，作事謀始也。不然，存畏葸之懷，而無撒手懸崖之勇，則經營不力，安望積小以高大，而成峻極之觀？故志士勵行，一念確乎其不拔，而縱心孤往，行健以自强。此鵬鳥之爲培風，斯以背負青天而莫之夭閼者也，而後乃今將圖南。

詩曰：東風餉暖苑花齊，一刻千金肯自迷？

休戀穠華誇比翼，孤桐原待鳳凰棲。

永終

《易》曰：「不恆其德，或承之羞。」士君子功廢半途，或沮喪於垂成之會，千載而下，猶爲撫膺太息，而謂不成丈夫矣。夫君子有終，謙之所以亨而吉也。乃以億世之崇高富貴，而不能堅守其初心。嗚呼！自待抑何薄矣。況築基三載，百日丹成，一十月胎，而陽神自脫，自時厥後，此身已證長生。曾日月之幾何，而不慎終如始也？《書》有之：爲山九仞，功虧一簣。此不恆其德，而可承以羞者也。立志者其惟懷永圖焉。

詩曰：著屐尋山路幾更，巖迴翠杳覓鵬程。
攀蘿咫尺登峰頂，莫墜青雲負此生。

超凡

三千大千，凡界也。處凡界而相濁者，凡民也。南柯之紫蟻排兵，北陸之玄駒走隙，爲蕉爲鹿，是蝶是人，當殘夢初回，總是北邙衰草耳。夫芝蘭茝蕙，發幽谷之馨香，雖蕭艾同敷，而獨翛然其自遠。然至金風玉露，時勢交乘，曩之卓冠羣英者，依然與草木同其腐朽。是以愚者刳心以掃智，哲人蓄髓以憐肌。非惟土石候鄉，腐耽良錦；實乃游心冥淡，解脫藩籬。故上古大椿，不與北邙衰草伍立。超凡之志，應作如是觀。

詩曰：塵海茫茫萬里濤，慈航那識榜人勞。
從今只度雞羣鶴，奮翮凌風唳九臯。

軼聖

上天之所報，不報於其人，而報於其人之天智。効一官而無以崇莘野南陽之抱，則用亦第如其器，而稱物以施。故酬不以顧爲媒，而報要以人爲券。聖真立志，必使後無來者，前無古人，不甘於小成，不以苟可安而止。情之所至，一往而深，則安見前賢不畏後賢，而後來者不居上！《金丹心法》，先以立志造其端。玉宇瑶房，金臺貝闕，億萬載之攸躋而攸止，此丕丕基也。

詩曰：三華結就迥超塵，累劫修來第一真。
曾記洞天仙八萬，紫雲端捧少年人。

第二端品

蓬萊道人張果著

黃中繕性，道樞充莞性之符；玄牝棲神，物軌啟參神之鑰。運濠涫以植本，玉粹金剛；祛蹴躪以安貞，氷懸雪跨。故淇澳之琢磨有斐，永千年睿聖之思；首陽之薇蕨雖枯，流萬古馨香之韻。挺蒼松之勁節，甯偕碧草凋殘；瑩白璧之奇光，直任青蠅點落。以沅芷杜蘅之澤，爲醴泉芝草之春。斯篤實以禔躬，定已精而益密；自中和之在抱，將希聖以離塵。

持身

予聞諸莊子，道人無聞，至德不得，大人無己，約分而不期。且天而畀我以身，大而化之之所由化，先化其所化，而化乃以神。是故如奉盈，如執玉，如處女，如履薄而臨深，如困守於孤城而兩軍未憖，如朽索之馭六馬，翼乎其小心。內天而主宰，人外而斡旋。本乎誠，位乎慎，達於理，明於權，蹢躅而屈伸，反要而語極。故曰：無以人滅天，無以故滅命，無以得徇名。謹持而弗失，乃以反其真。

詩曰：衾影無慚夢亦清，潔如霄露浥金莖。

元陽若化沖虛體，管許雲飛覲玉京。

緘口

山木自寇也，膏火自煎也。川不防其防，而蟻封可潰爲濫也。故爾驕而道，而人將誚之；爾炫而玄，而人將瘨之。其駟之不及也，厭之不克捫也；其溺之所爲之，不可使復之也。咸其輔頰舌，反唇而稽矣。括坤四之囊，愼不而害矣。道吾道，吾自道；玄我玄，我自玄。守如瓶，緘若金。人背與物不相靡相刃，物亦不與我牴牾。惟口啟羞，緘之不密也。太上曰：「知者不言，言者不知。」故聖人行不言之教。

詩曰：搗碎玄霜旨趣甜，真機默喻勿詹詹。
心花縱使傳迦葉，也只含情信手拈。

輕財

財者何？塵垢也。曷輕乎？爾清心也。輕則曷以清？吝則愚，貪則敗。有其有者累，見有於人者憂。是故象有齒以焚其身，賄也。石崇吝，族於倫，子魚貪，尸諸木。物物而不物於物，道者爲之公。馬伏波文淵謂：「凡殖貨財在賑施，否則守錢虜。」此志此物也，輕所輕也。輕所輕者，不有其所有者也。不有其所有，而見有於人耶？不開人之天，而開天之天。開天者德生，開人者賊生。不賊於賊，而德全其德，此之謂葆真。

詩曰：珠輝玉潤彙珍田，跨鶴何須十萬纏。
石忽變金金等石，任情揮灑讓神仙。

納氣

雖有忮心人，不怨飄瓦。褊人卽易怒，不怒於虛舟。故虛己以游，物莫之害。其聞人譽己，適適然驚；人譽人，則自失；人毀己，己則益修；人毀人，婉爲解。蛇神牛鬼，鬼斧神斤，觸不驚，犯不校，是純氣之守也，客氣不侵也。其天守全，其神無卻也。無卻守全則無累，無累則正平，正平則與彼更生，太虛爲一。

詩曰：世路戈矛暗裏藏，一言偶悖忍相戕。
沖和雅量涵高遠，鋒刃鎔成日月光。

友善

井蛙不可語於海者，拘於墟也；夏蟲不可語於冰者，篤於時也；曲士不可語於道者，束於教也。夫教以師爲鵠，而以友爲簪。染以藍則青，染以朱則赤。意怠之鳥翂翂翐翐，而其行不斥，得友聲也。荃孤芳則茅爲害，曲寡和而調弗揚。是故援青松以誓心，指白水以旌信。攀嵇而鳳舉，交呂亦鴻軒。氣類符，其神相許也。故情莫如率，形莫如緣。

詩曰：舊雨忘言臭味馨，芝蘭滿座繞丹經。
異香醉我醇於酒，太史宵占聚德星。

絶讒

從善則如登，聽讒則如墜。蠹瓦之覆楚，墓握而宮班；宰嚭之亂吳，社墟而臺沼。讒者滑吾以俗，且將冒吾以蔽蒙。與衆君子游，莫沾所臢。與一小人比，則啜其醨。入鮑魚之市，久而俱臭者，蘄自畜於樊也。夫其淳悶恢心，方外袪夫塵垢。詎遁天蹇道，甘殉僉壬？而德厚信矼，敝敝於一二匪人，蘄乎亂。嗚呼！殆爲人緇夫。

詩曰：似酒東風滿翠微，辛夷馝馞牡丹肥。
山牕莫聽鶯簧巧，惱亂楊花撲面飛。

别嫌

風之吹萬不同，而使其自已也，咸其自取。怒者致怒其曷瘳？有真君存焉。慎焉而不畀以朕，是以無有爲有。無有爲有，疇則摘其瑕？納履乎瓜田，整冠乎李下，何若是芒乎？且己則已芒，而曰人之芒於芒，芒吾真宰乎？因非因是，因是因非。不授以因，因斯無朕。故曰：自彼則不見，自知則知之。古者上堂聲必揚，夜行則以火，不窺密，入虛如有人。充類而至義之盡，乃曰别嫌。聖人和之以是非，而休乎天均，復通爲一。

詩曰：冰心早向玉壺收，寶相光圓滿慧樓。
掃盡微雲天不夜，一輪霽月浄高秋。

安分

分無常也，而安有定，定之以知止，汝止以安焉。不由而照之以天，天則分也。故滑疑之耀，聖人所圖，圖之者不用而寓諸庸也。庸也者用也，用也者通也，通也者得也，適得而幾矣。因是已。已而不知其然，是之謂道。是故困勉者之分安百千也，得失疾遲，安所安不相襲也。心不欲雜，雜則多，多則擾，擾則憂，憂而不救。爲人使則徒勞，使以天則無僞。

宜止而不止，是謂坐馳。體道之人，入游其樊，弗馳而越畔。

詩曰：守得靈樞定也無，塵思銷盡驗工夫。

恬吟止所兼山卦，不見行庭養若愚。

慎微

司馬承楨云：損之又損，以至於無損。夫損至無損，是微而無微。此道之樞，亦品端之的也。蓋至人之用心若鏡，不將不逆，虛而不藏，體盡無窮而游無朕，受以天而無見得，故心止於符。夫欲惡經營，喜怒婬佚。意有所至，而愛有所亡。膚寸彌天，虛蒸成菌，以至驕僨而不可係。嗚呼！可畏也夫。是故冥冥之中，必薙厥萌；寂寂之地，毋滋爾蔕。深之又深，而不爲緒使；密之又密，而不爲物絯。琢雕復樸，塊然獨以形立。紛而封哉，一以是終。

詩曰：日煖之田蔚紫雯，春光透漏已三分。

敷菑莫待勾萌坼，預倩青鸞帶露耘。

杜漸

壺子之聖也，杜德機焉。杜德機云者，容貌若愚，甚盛德也。況己私之伏，暗長而潛滋，茁而軋矣。申胥有言曰：爲虺不摧，爲蛇將曷若？且坤之初六，履霜而堅氷。霜者陰始凝，馴致則腹堅水澤矣。是故外韄者不可繁而捉，將内揵焉；内韄者不可繆而捉，將外揵焉。澹而靜，漠而清，調而閒，過之而不守，鬱閉而不流。廩廩乎，其若詛盟以守勝也。故素也者，鉏焉而無所與雜也；純也者，屏焉而不虧其神也。維屏維鉏，乃純乃素。

詩曰：石火光微勢燎原，炎威況值巽風掀。
行人指説咸陽道，痛惜阿房不忍言。

主信

古之有道者不貳二，不參三。信矣而不期，光矣而不耀，故其寢不莫，其覺無憂，恬淡虛無，乃合天德。夫天德者，不言而信，不介而孚。日月四時，各循其序。陰陽萬古，不改其經。惛然若亡而存，油然不形而神。萬物畜而不知，此之謂根本。根乎本者，媒媒鬱鬱，豚魚可格，實實淵淵，盈缶可占。宇泰定者，發乎天光。發乎天光者，人見其人。人有修者，乃今有恆。有恆者，人舍之，天助之。故旡妄者，元亨利貞。而如匪正，則有眚。

詩曰：五卜孿如四可貞，夔夔後甲問先庚。

靈臺自有溪毛薦，不效狙公笑尾生。

存誠

天以誠而清，地以誠而甯，故兩誠相亞，萬物皆化。芒乎芴乎，而無從出乎；芴乎芒乎，而無有疆乎。萬物熙熙，皆自誠基；萬物職職，皆自誠殖。且道先以繕性也。性而從於心，心與心識。知而無以反其性，情而復其初，是倒置也。是故達生之情者，不務生之所無以爲；達命之情者，不務知之所無奈何。愨而真，虛而實，靜一而不變，淡而無爲，動而以天行，以通乎物之所造，養生之道也。是爲絛達而福持。

詩曰：當初矢願往蓬萊，銳意還丹化玉胎。

靜養千年飛去也，金針留得度羣材。

第三悔過

紫微垣仙藍養素著

寶鏡非臺，叵任纖埃褻涴；芝田似玉，争容灌莽叢生。毒龍騰飛舞之奇，破鐵圍而踴躍；封豕突爪牙之孽，排銅堞以披猖。故伯玉知非，每撫時以自勵；淵明作賦，思未遠其可追。脱離慾海腥波，猛立懸崖須撒手；割斷名韁利鎖，急尋覺路莫回頭。匿瑕則以琢而瑩，力振風雷之益；蒙垢則由湔而潔，光符日月之更。惟霧斂與雲消，自天空而海闊。

陽愆

君子觀變玩占而悟道，先補過矣。夫無端失足，踰閑於身世之交，自好之清流，一慚之不忍，忍終身慚耶。而況指青雲以信修，則疇曩之愆，尤應己瞿然而愧矣。愧且勵，防之斯愈周。虎尾春冰，未許輕心掉也。《易》曰「不遠復，无祗悔」，以云吉也，敦中行也。迷復則凶，而災且眚也。是以君子誦盤銘而自新，以思永也。

詩曰：仙子頻將玉斧修，年年桂魄皎清秋。
方諸夜半饒殘淚，一點朦朧萬里愁。

陰慝

修道以治心也。惡慝於中，而祛之不勇，《大學》爲正修之累。即玄基爲性命之防，然不必其伏危機，蓄隱毒，而懷狡憤。厲胸中之刃，藏笑面之戈，如蜮如虺，如蜂如蠆，如林甫義府，乃爲黑風過海之幾也。當其私意潛萌，爲猿而若馬，無以遏其猖狂之勢，而憧憧往來，百感朋從，乘虛入矣。是故正心先慎獨，刮垢務磨光。

詩曰：自葆虛靈絶點瑕，波心月影鏡中花。
輕塵不著真空界，弱水三千好放槎。

身玷

身曰身城，示守也。守有道，日起有功。守偶疎，動而得咎。身也者，積善之區，亦積愆之藪也。且夫往來之劇也，酬酢之棼也，入於其中，而身城自化，雖甚盛德，猶且難之。是故身之冒貢於非幾也，猶雉堞之崩而壞也，彌其缺則繕而完，補其苴則豐而固。潒城蕩蕩，寇來不上，雖乘其墉，弗克攻也。古人所以重崇垣，勤捄度也。慎斯術也，可以磨吾玷，夫乃得以城吾身。

詩曰：消盡陰霾皷太和，風光澹宕五雲多。

昂頭試向蓬瀛望，島嶼烟清靖海波。

口鋒

天道不言，而五行布，四序章，品物亨，而歲功順也。人之有口也，善敗興焉。出好興戎，惟其所召也。是故吉人之辭寡，躁人之辭多，仁人之言必藹如而其利溥也。逞鋒而鬭捷，則傷天地之和也。緝緝翩翩，乘機而搆禍，人所怒，鬼神所呵也。是以君子慎密而不出也。

詩曰：檻外山青水自流，尋春底事説春愁。

杜鵑叫月黃鸝罵，斷送東風不掉頭。

利縻

財賄之於人，甚矣！求之未得，而害已隨之。利蓋害之媒，而生人之怨府也。士君子清虛結撰，輕軒冕於泥塗，則大寶在三，珠玉金錢非所與。然乞假或通於疇昔，而以空山爲避債之臺，公私兩憾矣。夫報賜以力，自古有之。以吾所有餘，默以濟其不足，則玄科經法亦可以償也。詩有之：「投我以桃，報之以李。」以云稱也，無負於人也。

詩曰：豪富何嘗到九泉，銅山金窟總徒然。

倘教瞋目能將去，底用兒孫化紙錢。

色障

嗚呼！君子歌鄭衛諸篇，嘆淫奔之鑑炯矣。夫一朝失足，千古遺羞，則筆伐口誅，烈於五刑之顯戮。然必其定情於薦枕，乃爲亂男女之防，則雲萘須友之章，昔人何以廢書而嘆？故當其目挑心許而繫懷於我，見猶憐，則一念之不自持，未必不抱慙於清夜。而猶未也，謂陰陽配偶，古今人道之大倫，而皷鐘琴瑟之調，或敝於色斤之戕伐，殆非所以尊性命而知保合夫太和。故毋摇爾精，乃得廣成之大要。

詩曰：載酒尋花醉聽鶯，鶯花適興酒陶情。

花殘酒醒鶯何處，淚灑離筵夜雨鳴。

浪墨

才士多功，才士亦多過。夫摛華掞藻，半皆海市蜃樓；而略涉風情，見者遂眠花而躪柳。

而況一時逞意，顛倒乎人心風化、死生榮辱之關，雖倖免乎明刑，竊恐難逃隱禍耳。修真之士，應不忍爲。然濡墨吮毫稍流於過當，或騁才於往日，或寄興於無心，要當細檢生平，勿俾流患於將來，以自虧其德行。

詩曰：莫將揮翰逞才雄，隱禍恆藏巧說中。
感發天良時惜墨，筆花垂露寫春風。

貪饞

食飲以滋榮衛也。采溪澗之毛，而王公可薦，非窮水陸之奇也。夫酒食之貪，厥惟饕餮，比之於混沌、窮奇、檮杌，名以四凶，帝舜投之於四夷，以禦魑魅。君子曰：口腹之累人甚矣。今夫采於山，美可茹也；采其芹，鮮可食也；簞瓢而疏水，可以樂飢也。羅百味之甘，侈八珍之奉，極滋味於刀砧鼎鑊，而寃慘何堪。嗚呼！是顛頤也，是拂經也，是舍爾靈龜，觀我朵頤，而非居貞之吉也。故曰：養其大者爲大人。

詩曰：控首西山弔采薇，馨香俎豆日增輝。
養生甘茹園蔬味，堪鄙持粱齒獨肥。

誤蒙

吉凶悔吝者，生乎動者也。當幾務猝投之會，而未及致詳，雖有意以矜持，竊不禁無端擾亂。故吉居其一，而凶與悔吝恆踞其三焉。士君子言行之偶違，豈遽遺罔念作狂之咎？而防之不密，乃至寖昌寖熾，若狂瀾之既倒而難迴。謂始也無心，而繼流爲有意也。是故憂悔吝者存乎介，震无咎者存乎悔。

詩曰：西園柳絮小橋東，點點殘花落滿叢。

畢竟自來還自去，月明誰鎖紫深宮。

甘蹈

人雖甚不肖，日沈溺於迷津，及清夜捫心，未必不增其冰谷。迨至蝸名蠅利，薄於途窮日暮之餘，遂倒行而逆施之，有不遑恤矣。在《豐》之上六〔一〕，豐其屋，蔀其家。《困》卦六三〔二〕爻，據於蒺藜，困於石。必也來章，有慶譽。明而貞，斯大人吉耳。夫非禮勿履，《大壯》所以亨也。《晉》如愁如而利貞，是以受茲介福也。不然而弗過防之，從或戕之，雖有聖

〔一〕〔二〕「上六」，原本作「上九」；「六三」，原本作「九三」，據《周易》改。

神，愛莫能助也。君子故曰：省其身也。

詩曰：五湖游泳水如藍，釣餌芳甘未可貪。

佇聽春雷振鱗甲，禹門躍浪擁雲龕。

監往

過已往矣，雖悔其何追。然士無懲創之心，則萌蘖潛滋，直若輕車熟路耳。譬如平地坦夷，本無所虧，溝而爲積坳，則四隅之濁淖泥塗乘虛而全集。迨晞陽久照，積潦寖消，而培壅未施，遇奔流而復入下流之地。衆惡所歸，玩坎窞〔一〕之占，可以知補過矣。以搦鉅痛深之戒，貞其返照之神，斯執競以行，不續前車之覆。

詩曰：春風暗度曲闌亭，遶徑山梅送遠馨。

野雀忽來偷眼看，惜花又挂護花鈴。

察來

過之來也，覺焉而不貳，其見天地之心乎。《小畜》四爻，有孚，血去惕出。蓋柔而得正，

〔一〕「坎窞」，原本作「坎窗」，形近而誤，據《周易》改。

虛中巽體而補之以剛，是有孚而血去惕出也。《大過》之初六，藉用白茅。畏而慎焉，不嫌其過，故皆旡咎也。今夫北闕之輕陰既散，則南山積翠，鬱浡而自流，雲蔚霞蒸，觸石而呈五色。是故志之立，品之端，積善之本原，莫不受成於改過。

詩曰：轉盼風光覺昨非，陽和初動莫輕違。
審時採取青麟髓，煉出飛仙上紫微。

第四遷善

醒眼道人曹器杰著

天上同仁，普湛恩之雨露；世間最樂，培心地之芝蘭。餘芬揚口角之和，寒消解竹；挽水解枯魚之泣，暖躍春波。故生蛭潛吞，伯略掬瀟湘之績；慧星退舍，芳名流泰岱之封。垂浄業於無倪，還假道樞成慧業；廣福田而有種，盡祛人械葆珍田。合儒家視履之祥，其旋元吉；兼釋氏波羅之諦，自在行深。惟積少成多，務躊躇而滿志；自增高繼長，充法勝以諧因。

捨貲

財者宇宙之川流，而生人之借徑也。積而能散，用之而各協其宜，乃乎天地之盈虛，而不爲守虜。然必若太原荀恁散資財於九族，而高隱終身；馬援班穀畜於親鄰，而身自羊裘皮繹，君子曰：此非人情不可近，舍之而不合其宜。學人自悔過以來，酌盈劑虛而胸無繫吝，行陰功事，發至誠心，爲善無近名，施恩不望報，以生民之大命，還之而爲天地之大公，是爲流宇宙之川流，而善假生人之借徑。

詩曰：福地開從積善門，權憑慧眼照黃昏。
途窮那待西江水，一勺能沾活鮒恩。

給藥

異卉靈根，不可以回天，而可以解人之疾疫。彼室家温飽，則藥籠中物可投於治標治本之時。乃如貧病顛連，則一人向隅，舉室皆爲飲泣。或限於鄉村之僻遠，誰驅二豎之殃？或窮於痼疾之纏綿，莫覓三年之艾。作善者按方修製，依症送施，如扁鵲重生，飲以上池之水也。夫蘇眈之井，董奉之林，藥盞丹鐺，遂作證仙基業。故覓長生之術者，莫先於衛人之生。

詩曰：華陽洞口白雲隈，炮煉靈丹轉又迴。
一切回春歌壽愷，歡欣童叟到熙臺。

放生

天地之大德曰生。大生，廣生，而生生不已。而所生之物，亦本生物之心以爲心。故凡欲長生，須種放生果。且物雖微賤，莫不惡死而欲生。故鱠餘之魚，復振鱗於吴水；膳後之冢，翻化龜於魯津。況即其生而生之，則刀砧罟擭之餘，胥荷再生之澤。夫隋侯、楊寶、毛寶、宋庠，一念之所將，永膺多福。而龍宮酬德，且以禁方濟世。躋天府之上真，惟攢此生機。𣴴放生池苑，捐金勸募，俾復其生。夫是爲好生，好生者，長生之券。

詩曰：物我含生兩不干，相逢底事忽相殘。
　　仙郎若解無情網，一覺阿門夢也安。

印典

儒、釋、道教，譬則三光。經典之創垂，若江河之行地。且經者徑也，揭信修之路，而導之於天衢也。昔人見桃花而悟道，見覩茲密諦，益啟金繩寶筏之光。故根器深者因緣以生覺，其次則遁途守轍，求列聖之心燈，又其次信從，因文義而知寡過。故經以彰教，教明而道乃行矣。印經則經以印心，所以衍在天之寶祕，亦心因經印而流心法於後人。

詩曰：了性還丹化雨深，刊成經録度金針。
　　饒將十二龍賓彩，演出空玄覺世心。

方便

善無大小，而善量無窮，力所得爲而爲之，皆可爲人物。養和平之福，解杖頭之費，輸囊底之金，斯遐邇異同，均沐和風噓植矣。甚則鬼神欣所托，貧苦得所安，而語言文字之無多，足以釋寃而弭禍。蓋舉生人之所便，卽皆爲作善之方。終日乾乾，而與時偕極，亦安有輕重、優劣，强分大小之名耶？至如所便之有方，凡其方之所甚便，則《感應篇》、《陰騭文》兩卷言之大詳，予故不縷言，而但統之曰方便。

詩曰：烟光一派曉寒空，點綴林泉補化工。
滿地花香天女散，等閒幽谷遍東風。

隨緣

善生於性之有所結，亦結於心之有所憑，故未至寂然，方至勃然，有感而遂通，是則隨緣之謂也。所以見所見，聞所聞，意所將，足所卽，輔頰形神之所麗，無非作善之據依。故緣隨念生，隨時寓，隨境，隨情締，佛家所謂積幻而成也。然滿腔皆至善所凝，斯積善以隨緣〔一〕而具。而種因之說，則流於望報而有求，非儒家盡性之所推，卽不足以云吾道。

詩曰：暫向修途了宿緣，吟風嘯月興翛然。

〔一〕「緣」，原本作「綠」，形近而誤，今改。

溪山引到雲深處，流水桃花別有天。

敦倫

君父之大倫，與天地無終極，聖神之功化，莫不由庸行之修，故當其釋褐而登，與夫敍天倫之樂事者，至情至性，宜有肫然莫解之真。乃踐土食毛，未綰半通之組綬；秋霜春露，遽深終古之悲思，要無庸以地遯時乖，而不覃心於忠孝。此儒與道之必基於大本，不同釋氏之空也。至若真卿殉節以忘身而神歸絳闕，吴猛酬恩於罔極而位陟瑤宮，此皆忠孝之楷模，而振玄風於不朽者也。故遠君邇父，爲遷善之大閑。

詩曰：九萬程遥水一鄉，雲鵬鯤化任翱翔。
圖南未踏梧桐月，恩滿深林感鳳皇。

復性

春温秋肅，造化之大綱，而恩威並濟之宜，即聖神之作用。所以旌陽成道，仁義兼施，點瓦礫爲黄金，以濟閭閻困乏，而孽龍之斬，水赤洪波。爰位極瑶階，晉天樞之上相。且立人之道，仁義爲宗，體仁則足以長人，和義則正爲利物。故學人之遷善，仁義其大經。嗚噓！因心作則，無煩筐篚之捐；稱物平施，自合乾坤之撰。苟恩明而誼美，自返本以還元。

詩曰：洪鈞宣化有無間，雨露風霆疊往還。
識得帝先聲臭杳，曉山聳翠白雲間。

植躬

善在人者或難必，而在己者有獨操，況責善於人，而返己轉多未盡，既無以正帥人之實，且將反唇而稽矣。趙清獻公之暮必告天，張忠定乖崖不欺暗室，古來賢、聖、凡皆重以修能也。非然者，儲性命之精，而入德不深其懋勉，則衾影多疚心之事，天其謂我何！故式玉如金，跬步凜旦明之鑒；黃昏清夜，寸衷見天地之心。畢力所能爲，隨分隨時所宜，盡以中心之好擴之，流離造次而無違，斯善念善端，克底安貞之吉。

詩曰：卓犖幽懷愛寂寥，懶隨凡艷鬭花朝。
凋槃歷盡冰霜冷，虬幹稜稜挺碧霄。

成物

蓋人同此心，心同此理，而後知後覺，必相須乎佑啟之賢。是故惟善與人同，斯大道之行，放之而準。且人雖不肖，而感以天良與禍福，未嘗不惕息而駭心。故因壘而降崇，舞干而苗格，刺史遠鱷魚之害，申公點頑石之頭，則同善於人，人必有同其好者。夫伯玉恥獨爲君子，而東漢之三君、八及、八廚、八顧，均此循循善誘之思。故大道爲公，自成而成物。

詩曰：晚霖滂沛樂沾濡，谷草巖花儼欲蘇。
獎勵羣倫施化雨，士風廉介景師儒。

博濟

秉彝好德之良理，不歧於畛域。聖賢立則思俱立，而成不獨成。夫博濟之功，堯舜猶難滿願，乃求諸修士，人將共笑其不情。然以人心所樂從而導之，以力所能致則托詩書以致遠，其爲道易明，而其教亦易從矣。其或限於力所不足，無以施其普被之方，而與人同善之懷，近不遺而遠不禦，若長房縮地，山川盡括於門牆；媧后補天，缺陷不留其罅隙。心之所必到，斯善量之皆周，非實亦非虛，而道乃達諸天下。

詩曰：墜露冷冷警素秋，炎歊滌盡九天愁。
風回萬里銀河迴，尚許仙橋渡女牛。

垂光

修道所以修性命，顧性命之真，本同符於天地，則欲與天長地久，必善量永貞而不敝，乃堪合撰於乾坤。是故通遷善之大凡，俾昭垂乎來許，使後人之興起者，欲歌欲泣，借風雨以交深，亦步亦趨，撫琴瑟而自遠，而吾性吾命，乃能攸久無疆矣。學人自悔過以來，志以立，品以端，統人己以靡遺，合億萬年爲胞與，則人盡而天以見，乃可語超凡證聖之功。

詩曰：千年綵筆掞星河，善誘無聲夢覺多。
醒眼蓬萊清淺後，春風掩卷幾悲歌。

第五築基

鐵杖老人李元中著

梯山航海，造端先伊邇之區；秋實春華，滋長在植根之固。得玄珠於象罔，須淘赤水三周；搜白玉於清源，合饗丹膏五味。故芙蓉殿迥，經營居黝堊之前；玳瑁樓高，樸斲視登馮之密。定鼎而年八百，因稼穡以開基；培風而路三千，藉波濤以奮翼。尋源探本，濬圖彼岸之功；聚礫延砂，即振爲山之業。假無形之畚插，式固身城；憑有定之津梁，勤疏性海。

精

精者何？水之母，坎之源也。先天之精清而虛，後天之精濁而實。先天曷謂？曰：知識未開，氤氳内結，無形無象，藏貫肢節間。先天精，後天之精之本也。迨至情緣起，嗜慾萌，一點真精變化後天之液。念起精起，念伏精伏，循環生息，不竭不窮。故有形者，後天精，非先天之謂。凡基之築，築先天也。築先天何也？曰：後天濁且實，且媾之而化生，而況清虛，醖釀於官骸、玄牝，勤加採煉，甯不成形成象結聖胎？故示以先天爲祕諦。

△應者念先而〇生之補炁即太是☯培之囯根心

形而髂化未偕◐真而▮蘊以彩盈鴻虛⊕合乍元
闢丶以爲成藥✿物聚佛則祖∞之圞牟於8二所
()由散成則神洋㕣㮚之於金四◎乂所休由屋結
☵者向也色倘似欲羊煉脂△先務淥先於識后此

秘文破译：

精者，先天之炁，太极之根。形骸未判而蕴彩，鸿濛乍辟以成形。聚则团圞于二肾，散则洋溢于四肢。伏居坎向，色似羊脂，先流于后，应念而生。补即是培，因心而化，偕真气以盈虚，合元神为药物。佛祖之牟珠所由成，神仙之金丹所由结者也。倘欲炼精，务先识此。

破译说明：

此段顺序从右上角「△」起始，自上而下，中间均隔一个字，逐行读。第二遍从右上角「应」起始。「△」译「精」。「○」译「天」。「☯」译「极」。「髂」译「骸」。「◐」译「判」。「▮」译「气」。「⊕」译「濛」。「丶」译「神」。「✿」译「形」。「∞」译「团」。「8」译「珠」。「()」译「肾」。「◎」译「丹」。「乂」译「肢」。「休」译「伏」。「屋」译「居」。「☵」译「坎」。

詩曰：混沌含苞玉露團，化機恍惚要尋端。

可知粒粒崑源採，莫向鮫人泣處看。

氣

曷爲氣？無象無形，無聲無臭。天地之生理，人物所由生。曷爲無聲？曰：有聲者呼吸，是息也，氣之用，非氣之真也。氣藏氣海中，息之體也。氣何起？曰：丹田，介任督之間，而交會於上齒下齒之尖處。築基築真氣，毋於息求之。築氣云者，伏息於氣中而不動，元氣乃內含，能內含斯不洩。然而意到則氣到，意停則氣停。由勉而安，灑灑洋洋，斯腹皆充實。義詳祕授待善參。

人弌有形搆亦有之淶流郎○祖是丨於在脊下第節伏踵圣●○之後筋非不鬆血非不流太則不則欲三之身無之象脊本川川何先之丨也起海夾囷之得丨以在吝足脚跟骨此能活脉此得行過喘及促其惟吸來相而吸來相亦爲丨所伏伏龜鶴置毛鼻而動聯丶弌彼◐得無之◎初不丨或或當㊀意求可端平呼往之稱呼往之稱止平非以丨必⊙息鴻於

也不自△於處此煉成價𦪙矣學知行走住以想之

秘文破译：

人之一身，有无形之沟浍，亦有有本之川流。川流何？即先天之祖气是也。气起于海，在夹脊关下之第三节。气伏以踵，在经络阴阳，足之脚后跟。筋骨非此不能松活，血脉非此不得流行。太过则喘，不及则促。欲得其平，惟呼吸往来之相称。而呼吸往来之相称，亦止为平气，非所以伏气。伏必龟胎鹤息，置鸿毛于鼻端而不动，自联精神于一处，彼此互炼，得成无价之金丹矣。初学不知气行，或走或住，当以意想求之可也。

破译说明：

此段顺序，两行之间隔一行，自上而下来回斜读。顺序号如下。后四行同此。

80	40	41	1
42	2	43	3
44	4	45	5
46	6	47	7
48	8	49	9
50	10	51	11
52	12	53	13
54	14	55	15
56	16	57	17
58	18	59	19
60	20	61	21
62	22	63	23
64	24	65	25
66	26	67	27
68	28	69	29
70	30	71	31
72	32	73	33
74	34	75	35
76	36	77	37
78	38	79	39

「|」译「气」。「圣」加系旁译「经」。「○●」译「阴阳」。「囲」译「关」。「各」加系旁译「络」。「◐」译「互」。「⊙」译「胎」。「𦪙」译

「金」。

詩曰：光迴海底耀蟾蜍，翠浪清烟自卷舒，
且住河車窺倒影，風旛不動恰如如。

神

陰陽不測之謂神。天地之顯藏，而人得之以運用。穎異超忽，莫可名言。然神曰元神，非思慮聰明之謂。藏諸真宰，秉於先天，喜不能傷，怒不能損。故一神兩化，化於元神。神曰元，故能化；迨能化，自成神。是故煉而爲心神，現而爲陽神，飛而爲天神。神之靈，神所運，故曰穎異超忽，莫可名言也。莫名而名之，是有訣。

丶肺下之三左所之聖所之其中外如中星畢中屬卯立╎╎之動而則光息發千亘所夜先常之且可則飛然入一平先脊月有日也形安无━結⊙鄉麗四右上㊉之屁不體放後弌華而越里行日謂而○明、斂以寂形其石也人知以慮後之而慮有時是○靈爲○丶靈至知丶便恐先得所前戒足思損靈○者不慮也後損

前聰而之後聰以先便得至恛丶○爲思當不夲者
之時特是有○與以知用以慮先聰而非覺損漸○
漸絶減先始見止其散、失之而●無倦歸欲後知
必、消者亡當其以殆此盡訣故參△之丨可將也

秘文破译：

神居肺之下，心之上，日月所丽之乡，圣胎所结之地。其无中形外也，如日中有魂，月中有魄。先立乎阴阳之体，而后光华发越，亘日夜而常明。且欲则寂然其不动，放则一息而千里。所谓先天之神，可以飞形入石者也。众人不知，当以思虑为后天之神，而思虑至有得时，便是先天；以灵聪为后天之神，而灵聪至前知时，便是先天。所以戒用思虑灵聪者，非虑损后天之神，特恐有得与前知，足以损先天而不觉也。渐损渐减，始止散失而无归，后必消亡其殆尽。故精、气将绝，先见其神之昏倦。欲知神者，当以此诀参之可也。

破译说明：

此段前四行的顺序号如下。后四行同此。最后两行是隔一个字，自上而下读。

61	40	41	1
42	38	62	3
63	36	43	5
44	34	64	7
65	32	45	9
46	30	66	11
67	28	47	13
48	26	68	15
69	24	49	17
50	22	70	19
71	20	51	21
52	18	72	23
73	16	53	25
54	14	74	27
75	12	55	29
56	10	76	31
77	8	57	33
58	6	78	35
79	4	59	37
60	2	80	39

「三左」译「日」。「星畢」译「魂」。「属卯」译「魄」。「⚋」译「阴」。「一」译「阳」。「安旡」译「无」。「■」译「地」。「四右」译「月」。「行日」译「日」。「卒」译「众」。「●」译「昏」。

元　　魂

神　金　神　火

圖　　魄

詩曰：空非幻有有非空，一點精英帝謂通。
欲見廬山真面目，迴光便識主人翁。

固精

精之生也，念生之；精之固也，念固之。念消於無有，精斯守一而不流。消念將奈何？塞聽蔽明忘聞見也。念不起，妄乃不生；妄不生，精乃固。堅持密守，由勉而幾安，是曰內固。外固者何也？冬毋過暖，夏不過涼，春不觀花，秋毋翫月，疾走如風，側卧如弓，端坐如鐘，直立如松，外斯固。外固則流治，內固則源清。久則筋骸有聲聞百步，是爲精足，爲固精。附以繫辭申其略。

過修三丹闕者清必而萬不緣濁悉如盡松諸是精
故暑接之女正色不恍觀如不浮翫雲杜之花想外
精出根充自滿無於業一繩身以而繫有念過月不
生寒自之心奚中容以緩不也得哉成可驗一皆欲
俾後除時天如有風補是無目固不一道見我之易
由得髓固保事隙失可本乘末如先迴定矣股空其
虛然以之先無下項文俾倣夢此弓後爲固由妖固
之涼精矣可從前之抵慎膝道是之睛之但精於直

其腸劍足耳賊所竊錯旁勿道人俾理戚者勉種也
念不之足不精必之喜天歡後作固稍是虛靈暗俾
欲心慧精不當之洩天則先滿補絶我則任企種欲
邪暖天有後既其密化嚴入時無時因閑安防室精
内石不鐵至副停一不出而熬動中體漏四屋行固
卽是斷鐘不如之入根得情緣根無情魔斬凶精裏

秘文破译：

精不易固也。欲固精，斩情根。情根之不断，即邪念之由生。故修丹者，必万缘悉尽，诸想皆空。于暗室屋漏中，熬出一副铁石心肠。然后出接女色，恍如浮云之过我。由勉企安，因无入化。其后天之精髓，自充满于一身，而有验矣。但虚则绝，满则泄。当精足之时，心中以不得成道为戚，稍作欢喜，必不可保。如风：是目不回睛，俾道旁窃贼无隙可乘。如弓：是膝抵前项，俾梦里凶魔无缘得入。如钟：是内欲其虚，俾精过三关，清而不浊。如松：是外欲其直，俾精行四体，动而不停。至不暖不凉，得寒暑之正；不观不玩，杜花月之妖。种种防闲，时时严密，既有慧剑以除根，自无业绳以系念，一股精灵，任我补先天之不足矣。固之，奚容缓也哉。可见固者，是固后天之精耳。先天有补无固，一定之理。人勿错所从事，失本末先后之道。慎之。下文倣此。

破译说明：

此段是从右下角「精」字起始，均隔一个字，由右向左，再自下而上，再由左向右，再自上而下，用螺旋形向内读，读至中心「梦」字。再从左下角「里」字起始，自下而上，按原顺序，隔一个字，螺旋形向内读。

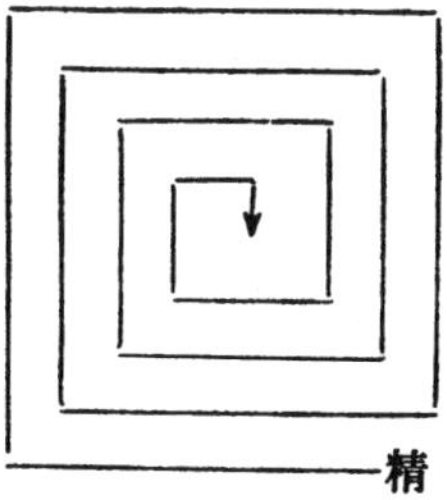
精

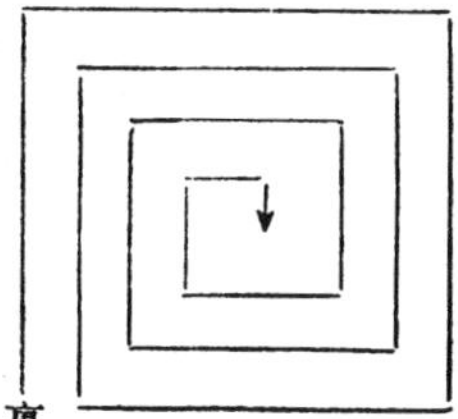
裏

詩曰：湛寂靈濤浪已平，澄懷對境渾無情。
自然截斷横流水，静看春潮日日生。

養氣

氣曷養也？順以馭，緩以行，窄以通，扣以走，疾徐得法，而過度適中也，一關未度，則反水逆流，凝結一方成惡症。顧爲馭、爲行，爲通、爲走，闢之過，根之由，氣爲之，而意主之。

意導先路，氣步其後塵。曷爲根之由？氣自丹田氣海來，一脉兩支，分途而交會。外由尾閭穴，周行督脉間；內自前陰，而周行於任脉。迨至上齒下齒肉尖相對處，曰交會關。陽督下度於任，陰任上度於督，陰陽和會，斯充滿而不停。先以意者，假以作探，非長以意，尚蹈空虛。馭曷？順任督兩經，分上分下。上者上，勿下回；下者下，勿上提。倒行逆施，則停滯而生瘡疾。緩以行，何也？上下以漸，毋急遽，致發而難收也。窄也者，謂上下於筋骸際、膏肓間，路如一線微；毋散毋粗，有不歸元之弊。扣者何？上下之行，不離所主。督氣下於任，根繫尾閭穴；任氣上走督，根猶著於前陰。首尾不空，乃蟬聯如貫珠，而生生不息。至疾走傷氣，毋若固精。　心性和平毋暴怒，則氣可以養，訣乃許商。

絲時以魯事弌叶手珠陽物養兀而如時難戲之由擘
弌香塊緜弌至息以沌混匕匕之匕弌第匕擊以拳
女漸攸方乃由鍬身體之憂用甲乙全夯此得瘒進雖
頓工於不也亦如中不運而伏口亖是法歸降夫升
是於每先川窮歸當亖運如未丨源矣行遏後無川
言之之養不而一者此其用以其爲道義先丨而體也
用自合明之剛養動川前以爲而丨大一言伏得與

所以以而心終祇伏其言諟體法伏日有不之至之
還等丹性力求行古桊其往流停之必者既時而之
無至乎汗把丨傾及必源終有言崩而爲漫訨閉而
而死行記而必丹止乙養丨故鶯鏡川握曰腹又如
而弌不㘸是方動痛而豔極虛翩翯一行如囊周（）
木弌如體乚不蓋是嬾三漩此一有是幸有爲次方

秘文破译：

前以运气为养气，明言其用；此以伏气为养气，心言其体。祇伏而不运，如炁未归源，先遏其往来流行之性；既运而不伏，如炁不归源，终必有倾崩汗漫之忧。体用兼全，方得养气之道。故《丹镜记》曰：混混沌沌，息息绵绵，静极而嘘，动极而反。如火养珠飞，吐如鱼戏。炁旋出旋收，此盖有体有用，合运与伏而言之者也。而其所以伏之之法，是每当运气后，气还丹田之时停顿，于中升降。口无呼吸，而语言如故；身虽麻木，而行止如故。腹背一块，以拳击之而不痛；肾囊内缩三分，以手擘之而不出。如是方为伏气，自得刚大之体，而道于无穷矣。工夫亦是渐进，由十分香以至一时，由一时以至终日。等而求，必至闭气而死。又必运气一周，方伏气一次；不是伏气之先，不行运气法也。此乃第一难事，有心者，力为把握而行，是幸也。

破译说明：

此段顺序很特异。以第七行为中心，分成四种顺序而展开：「1」「①」「❶」「(1)」。顺序号如下：

○73	○61	㊾	㊲	㉕	⑬	①	⑦	⑲	㉛	㊸	㊿+5	○67
●49	●45	●41	●37	●33	●29	❶	❺	❾	⓭	⓱	●21	●25
○74	○62	㊿	㊳	㉖	⑭	②	⑧	⑳	㉜	㊹	○56	○68
103	87	71	55	39	23	7	15	31	47	63	79	95
(26)	(24)	(22)	(20)	(18)	(16)	(2)	(4)	(6)	(8)	(10)	(12)	(14)
●51	●47	●43	●39	●35	●31	❸	❼	⓫	⓯	⓳	●23	●27
101	85	69	53	37	21	5	13	29	45	61	77	93
○75	○63	○51	㊴	㉗	⑮	③	⑨	㉑	㉝	㊺	○57	○69
99	83	67	51	35	19	3	11	27	43	59	75	91
97	81	65	49	33	17	1	9	25	41	57	73	89
98	82	66	50	34	18	2	10	26	42	58	74	90
100	84	68	52	36	20	4	12	28	44	60	76	92
○78	○66	○54	㊷	㉚	⑱	⑥	⑫	㉔	㊱	㊽	○60	○72
102	86	70	54	38	22	6	14	30	46	62	78	94
●52	●48	●44	●40	●36	●32	❹	❽	⓬	⓰	⓴	●24	●28
(25)	(23)	(21)	(19)	(17)	(15)	(1)	(3)	(5)	(7)	(9)	(11)	(13)
104	88	72	56	40	24	8	16	32	48	64	80	96
○77	○65	○53	㊶	㉙	⑰	⑤	⑪	㉓	㉟	㊼	○59	○71
●50	●46	●42	●38	●34	●30	❷	❻	❿	⓮	⓲	●22	●26
○76	○64	○52	㊵	㉘	⑯	④	⑩	㉒	㉞	㊻	○58	○70

「㗊」译「三分」。「𩵋」译「鱼」。「陽物」译「火」。「𠰏」、「𠮦」、「女」、「攵」分别加「口」译「语」、「言」、「如」、「故」。「𩿧」译「兼」。「思」译「木」。「夯」译「十分」。「㾓」译「麻」。「二二」译「炁」。「川」译「运气」。「一」译「伏气」。「𨘢」译「道」。「䛪」译「心」。「古」译「田」。「米」译「来」。「乁」译「之道」。「𦋺」译「背」。「𡒄」译「而反」。「𪍑」译「静」。「虐」译「嘘」。「𡇍」译「内缩」。「𨟻」译「极」。「木」译「不出」。「乚」译「也」。「㫋」译「旋收」。「𣄴」译「旋出」。

詩曰：複道雙迴徑易訛，芰夷灌莽散烟蘿。
白雲聯絡埋幽谷，保合天根釀太和。

凝神

神曷凝？凝於斂。斂則神深固，無耗散憂。築基當神未足時，戒多言，戒多視，戒多聽，戒多思。愈凝愈靈，神斯歸舍。曷爲舍？肺第三葉間，魂魄所棲息也。凝而不放自歸元；丹鍊九還，胎於斯結。故凝神之日，寅則起，亥乃眠，少著重衣，食多辛味。不多視聽，曷如不視聽？不多思與言，何若勿思而勿言？洎能七晝夜無眠，是謂凝神。效爲揭波羅諦，俟有心人。

口神不土而圑凝須取而从於土時毋反有伏昏中

神有木不與固且靈示口常呆土扁久静隨足動小
从昏精是凝走申木周从之灑則中氣以空兀欲色
華鳥未於目亥身而谷聞見無日在聽所卝豈風知
聲曰獨口全人無刀耳間欠而所守有月日聞化終
著戾捐王見見無有存門見有聞貌月在容祕窟慮
時躍示心木謂衣躍凝非不道木其由敵爲動才謂
魚之之而申培幾之甫弌神實飛然古心静旋飛由
田其方後是得先鳥之非而必旋生至門方空不凝
入古言口饒凝而誚體靈云者前發領言常也羊羊
不然色月吾木舌神遽又有覺活細文文會王心望
舍僧是坐之本講古心則尒爲所的可魚星星有二

秘文破译：

望星呆坐，固是凝神。而呆坐久，则反足以昏神。欲神不昏而且凝，须呆坐之时，静中有动，空中有色。不与精团，灵趣常周于遍体。毋随气伏，光华独着于全身。耳无闻而间有闻，所闻在风声鹤唳；目无见而间有见，所见在月貌花容。智虑未全捐，刻见欲存无守有，聪明岂终秘，时之思培后补先。非实非枯，旋启旋闭。鱼不跃而其机是跃，鸢不飞而其性为飞。方谓之凝神，方谓之得凝神之道。然必由静至动，由空入色。舍呆坐而遽讲灵觉，则前文所言言，鲜不有胡僧饶舌之诮。又古云："活泼泼的，常惺惺然。"二语是凝神本体，有心者细为领会可也。

破译说明：

此段除「望星」二字由左下角先起外，以三行为一个单元，共分四个单元，成「V」字形，隔两个字自上而下读。顺序号如下：

3	20	1
24	41	22
45	2	43
6	23	4
27	44	25
48	5	46
9	26	7
30	47	28
51	8	49
12	29	10
33	50	31
54	11	52
15	32	13
36	53	34
57	14	55
18	35	16
39	56	37
60	17	58
21	38	19
42	59	40

「口木」合译「呆」。「从土」合译「坐」。「示申」合译「神」。「扁体」译「遍体」。「小兀」译「光」。「知曰」译「智」。「隺鳥」译「鹤」。「口戾」译「唳」。「亥刀」译「刻」。「人王」译「全」。「谷欠」译「欲」。「門日」译「间」。「日月」译「明」。「艹化」译「花」。「田心」译「思」。「衣甫」译「补」。「弋鳥」译「鸢」。「木古」译「枯」。「木幾」译「机」。「心生」译「性」。「門才」译「闭」。「古月」译「胡」。「氵發」译「泼」。「言言」原文为「言王」，因另有版本「王」作「々」，今译文据改。「活泼泼的」原文为「活潑文的」，因另有版本「文」作「々」，今译文据改。「心星」译「惺」。「羊然」疑有误，今译「惺然」。「鱼羊」译「鲜」。

詩曰：活潑心源朗碧天，涵虚無著影常懸。
　　但將陽燧歸銀浦，煦養珠胎指日圓。

循天時

循天時曷謂？謂以臓腑上、中、下，循孟、仲、季四時也。精旺於冬，亥、子之交闗，乃陰陽之配合。基初築，煉精自孟冬，依前説固之加嚴密。而日居巳、午，功則較鬆，恐相衝，元精不保。庚、辛、申、酉日，功則有加，義取生生。是爲月計。日計者，每時丁巳、午，則肖庚、辛、申、酉日程功。申、酉時，照巳、午支，從鬆放。臨戌不卧，至丑卽興。飲食須以卯、未時，食毋過不及。氣旺在春，初養氣，月從寅、卯。月内逢申、酉則與固精反，功有加，一日九過闗，較平日五周多四度。曷以故？氣懼剋，而申、酉皆金，一與寅、卯衝，則金强尅木，防其剋，故倍嚴。然大者毋放，小者宜疎。過膠柱，氣曷活而靈？故每申、酉時，略鬆息，起居飲食同固精，第緩步徐行，勿若固精之疾走。神旺於四季，凝神者，始於辰、戌、丑、未月。顧煉精與氣，視日所衝，神所由凝，獨不言衝，而言合。戌合卯，丑合子，辰合酉，未合午。日逢合，默坐一晝夜，以甯静而致遠云。日在丙、丁，爲土之母，遇此兩日，則時坐時行，迴環一週，以取胎動將生意。神貴生，生生而不息，乃蘊靈於舍，畢達其光，三品適中，基乃築。

語云山中無甲子方外不知年入山築基而日月支干於何稽考惟預求精曆法者推算後三年月建之大小逐日之干支録貼單房歷一日則抹除一日行功煉度乃不朦朧耳至日上起時時無定候然就晨光之隱顯驗晝夜之循環用返照之虛靈參陰陽之消息依時按刻而工夫真矣其道甚微予試詳其說二月太陽出没原非一定正九出乙入庚二八卯酉十於偏日之七三右於斜日之九正迨然亦八二是歲左不過五尺四六月間亦如三七之偏數適疑焉一皆中照時他餘其定爲會來陽真空悉念二無三蓋辰去皆子午二時按刻而推罔有不中萬尺中七冬申時屬夜分無論春夏秋冬俱以吾心之五日四

兩是子别之丈一尺九尺八有約右在冬三寸時六季問而仲冬月出巽入坤又一定之數其五月午則孟乾歸艮出中天月五巽之戌在寅在辛在甲在有修養三品者能動察靜觀潛孚默運誰曰山中無甲子而方外不知年耶至前文所云緊與鬆者乃合三品淺深論毋徒認淺功失内外同符操縱咸宜之道

秘文破译：

语云："山中无甲子，方外不知年。"入山筑基，而日月支干于何稽考？惟预求精历法者，推算后三年月建之大小，逐日之干支，录贴单房，历一日则抹除一日，行功炼度乃不朦胧耳。至日上起时，时无定候，然就晨光之隐显，验昼夜之循环，用返照之虚灵，参阴阳之消息。依时按刻，而工夫真矣。其道甚微，予试详其说。

盖一岁十二月，太阳出没，原非一定。正、九出乙入庚。二、八卯酉是焉。三、七、四、六则有在甲、在辛、在寅、在戌之异。五月天中，出艮归乾。孟季两冬，辰、申是问。而仲冬月，出巽入坤，又一定之数。其五月午时，日中无疑。二、八亦然。追正、九之日斜于右，三、七之日偏于左，皆去中不过五尺。四、六月间，亦如三、七之偏，数逾二尺五寸。三冬在右，约有八尺、九尺、一丈之别。子时皆属夜分，无论春夏秋冬，俱以吾心之万念悉空，真阳来会为定。其余他时，照子午二时，按刻而推，罔有不中。

修养三品者，能动察静观，潜孚默运，谁曰山中无甲子，而方外不知年耶！至前文所云紧与松者，乃合三品浅深论，毋徒认浅功，失内外同符操纵咸宜之道。

破译说明：

此段前后两段为明文。由第七行至第十五行，共九行，其顺序号如下：

51	52	53	54	1	2	3	4	5
50	④	③	②	①	㊻	㊺	㊹	6
49	⑤			❶	❷	❸	㊸	7
48	⑥					❹	㊷	8
47	⑦					❺	㊶	9
46	⑧					❻	㊵	10
45	⑨					❼	㊴	11
44	⑩					❽	㊳	12
43	⑪					❾	㊲	13
42	⑫					从	㊱	14
41	⑬					略	㉟	15
40	⑭						㉞	16
39	⑮						㉝	17
33	⑯						㉜	18
37	⑰						㉛	19
36	⑱						㉚	20
35	⑲						㉙	21
34	⑳						㉘	22
33	㉑	㉒	㉓	㉔	㉕	㉖	㉗	23
32	31	30	29	28	27	26	25	24

詩曰：漫辟藤蘿叩曉暾，結廬松嶺逼天闇。

烟霄甲子容疎放，始信雲窩事業尊。

因地利

因也者，遠因天下，近因一室一身也。燕、晉之分先煉精，坎水也。齊、魯則先氣，木旺東也。鄭、衛居中先煉神，戊己也。漢中、秦、陝則取金生水，先煉精。楚、蜀暨閩、越煉光〔一〕神，火生土也。氣、精交煉，取水生木者，燕與朝鮮也。曷爲近在身與室？煉精宜面北，氣亦然。煉氣東亦宜，精則否。精宜北亦宜西，然欲充且固，朝宜東北方，暮西北。煉神者中處，法宜流轉向四方，又必面多南，火生土也。他如金日生者爐結西；水日生者爐宜北；木日與火，宜東或宜南。凡皆以云因也。附以訣。

地利之因煉三品也隨其所值因以制宜文已載明
毋庸贅至若東西南朔各有宜從或循環以周流或
中立而不倚則以外功論非內功也蓋外功之動靜
有常而內則神明不測予更申其說惟有心者體之
矣神死落一方按助氣遊性頻得有活之中精養夫

〔一〕「光」，疑爲「元」字，形近而誤。

丹而氣呆化而未我生性中爲不定爲活神養之内結不死想而處身所之外心轉時向伏神凝氣中功以能精則方神功煉方各住换坐者爲也氣中精何藥生死爲依實内之某迎心只默當養爲伏之固是細爲參詳爲辨地利盡而人事成矣至如卜築於山結廬於静趨乎吉避乎凶文詳煉己卷中不參末議

秘文破译：

地利之因，炼三品也，随其所值，因以制宜，文已载明，毋庸赘。至若东西南朔，各有宜从，或循环以周流，或中立而不倚，则以外功论，非内功也。盖外功之动静有常，而内则神明不测。予更申其说，惟有心者体之。夫内功何？是固精中之养精，养气中之伏气，凝神中之活神也。为养、为伏、为活，有定向者，当默坐时，不得频为转换，只心住心中，性游性外，各迎某方之生气，助我所炼之内功。身未按方而处，神实依方而化。一落呆想，则为死精、死气、死神，而不能生药以结丹矣。细为参，详为辨，地利尽而人事成矣。至如卜筑于山，结庐于静，趋乎吉，避乎凶，文详「炼己」卷中，不参末议。

破译说明：

此段前后两小段为明文，由第五行至第九行，共五行，顺序是从右下角「夫」字起始，由右向左，上一行，再由左向右。左右往返，自下而上读。

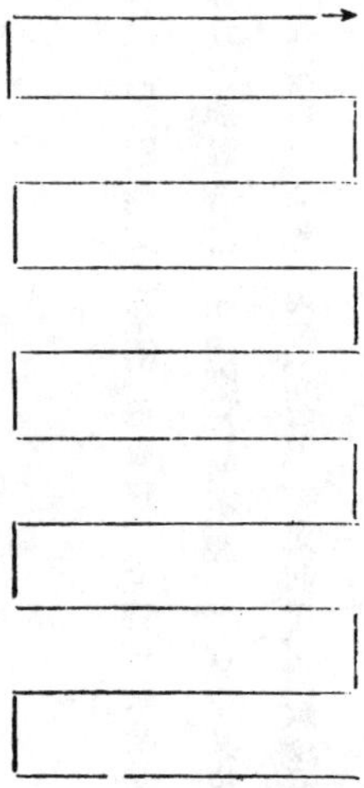

詩曰：軒轅頂上鳳皇巢，户有雲封不許敲。
五色光中香十里，靈芝繞遍月輪包。

本人和

曷爲道？天下之所公。曷以修？盡人皆可證。然得天者異，築宜分。精不足者先煉精，氣不足者先煉氣，神不足者先煉神。三品皆足，則分三日而煉精、煉氣、煉神焉。皆不足，則分三時而煉精、煉氣、煉神焉。否則輕重淆，後先紊，基之壞，築之乖也。足不足之分，參以訣。

成形之身有五臟結丹之藥惟三品精爲水水屬腎氣爲木爲火而木火屬肝屬心神爲金爲土而金土屬肺與脾五臟有虛實煉三品之所以必分先後也實再眼珠圓左浮爲虛右沈非實左沈實再目黑而弦爲實左寸憑脉性一看眼珠脉分左濇爲實右關左關屬肝以修養之士欲知虛實當一右寸屬肺以屬心以細爲右寸關尺六部兩尺屬腎屬脾以洪爲高便爲氣足右浮瞳若點漆則爲精足光便爲神足虛實定先後分至骨節有聲呼吸平能不寐三品斯足乃真和繼以行持藥生丹結自另更五臟成真人

秘文破译：

成形之身有五脏，结丹之药惟三品。精为水，水属肾。气为木、为火，而木火属肝、属心。神为金、为土，而金土属肺与脾。五脏有虚实，炼三品之所以必分先后也。

修养之士，欲知虚实，当一凭脉性，一看眼珠。脉分左右，寸、关、尺六部。两尺属肾，左浮为虚，右沈非实，左沈右浮，瞳若点漆，则为精足。左关属肝，以弦为实，左寸属心，以细为实，再眼珠圆高，便为气足。右寸属肺，以涩为实，右关属脾，以洪为实，再目黑而光，便为神足。

虚实定，先后分。至骨节有声，呼吸平，能不寐，三品斯足，乃真和。继以行持，药生丹结，自另更五脏成真人。

破译说明：

此段前后两小段为明文。由第四行至第八行，共五行，其顺序是分成上中下三部份，以小部份的小行为单位，自中心向左右展开，上下各五字，中间十字，自上向下读。顺序号如下：

⑤	③	①	②	④
5	3	1	2	4
❺	❸	❶	❷	❹

詩曰：一顆明珠十載思，驪龍頷下幾人知。

於今參透真消息，涉海求珍總是癡。

培後補先

培補者，培後天三品，補先天也。蓋先天之精，得之以生，生之可無死；汩汩於後天之鑿，遂及先天。築基築童精，無培補。否則除妄念，斷情根，俾生育之精復充滿，久則還其本，歸其元，珠現於崑源而先天足。先天之氣，朗潤而輕清，無往來，無出入。靈臺不靜，則消爲血氣，累於後天。始築基，未知伏氣，運之使充周，漸運漸平，置鴻毛鼻端而不動，氣乃復先天。至先天之神，神所由化，斂則如卵，精瑩內含；放則如珠，光華外露；動則流焉而活潑，靜則寂然其常惺；大擴九州，小藏一芥。六通智慧，用之而漸虧；一點真靈，撓之而必散。故戕以思慮，賊以營謀，疲以遠行，昏以晝寢，日以侵剝，曷以凝？培補云者，勿疲，勿昏，勿戕，勿賊。語言聞見，悉置渾忘，神乃凝。附訣一篇，示培補。

培後補先是固精養氣凝神體用兼全三才各得後還精於生精之所還氣於生氣之所還神於生神之所以後天至足補先天之不足也還但有精每法亥日時子就先之單右左行急步百兩又勒拳兩緊挺

臂下直二捽四十然次盤後單坐存上遍想真體昇陽泥集宮丸心由第竅系三注下門命元還是如十四次九得方火烈昇上集爲丸泥涼景下冰爲嘸心過景竅火有淬炭之水爲聲命注景門得既景真持更七行精日還乃還元有氣每法巳日時午行徐步百單上坐端氣運周一氣伏次一一至七伏口日呼絶氣吸還乃還元有神每法申日時酉單坐動不不既還若有精想存跡之不又還若有氣行運用之住神中心游光外身心身了了任純然自四歷九十後日於能室暗物見乃神元還各清其緒先後不淆則三品皆還先天悉足再爲聯貫則化三品迹益有加倘精未還而遽思還氣氣未還而遽思還神神未還而遽絶培補則差之毫釐謬以千里未見其有得也

秘文破译：

培后补先是固精、养气、凝神。体用兼全，三才各得后，还精于生精之所，还气于生气之所，还神于生神之所，以后天至足，补先天之不足也。但还精有法：每日亥子时，先就单之左右，急行百步，又两拳勒紧，两臂挺直，下捽二十四次，然后盘坐单上，存想遍体真阳升集泥丸宫，由心窍第三系，下注命门还元。如是四十九次，方得。烈火上升，为集泥丸景；凉冰下咽，为过心窍景；有火炭淬水之声，为注命门景。既得真景，更持行七日，精乃还元。还气有法：每日巳午时，徐行百步，上单端坐，运气一周，伏气一次。至一伏七日，口绝呼吸，气乃还元。还神有法：每日申酉时，坐单不动，既不若还精有存想之迹，又不若还气有运行之用，神住心中，光游身外，身心了了，纯任自然。历四十九日后，能于暗室见物，神乃还元。各清其绪，先后不淆，则三品皆还，先天悉足。再为联贯，则化三品，迹益有加。倘精未还，而遽思还气；气未还，而遽思还神；神未还，而遽绝培补，则差之毫厘，谬以千里，未见其有得矣。

破译说明：

此段前后为明文。由第三行第十四「还」字起，至第十四行第十一「还」字止，顺序是隔一个字返复读。顺序号如下：「2 1 4 3 6 5 8 7……」。

詩曰：圓蓋包羅運左旋，愁聞八柱觸當年。
媧皇已煉崑崙石，不教東南有漏天。

由分入合

水爲精，木、火爲氣，金、土合爲神。五行各有司，不相攝。分者强之合，而築基者晉於從，顧分者終分，丹奚結。故三品既煉，培補功已成，俾精合其神，神合其氣，關元内纍若貫珠，藏諸玄牝間，備採取。否則精雖足，散而無依，是爲舍利珠，非真聚。氣祇屏呼吸，神徒定往還，陰而非陽，釋家之諦也。由分入合訣可詳。

由分入合是聯三品爲一氣如兩儀八卦返本還元同歸於混沌之太極也但精藏丹田所處最下氣藏氣海所處居中神藏神室所處在上欲上中下打成一片則非檢絲以貫之不可謂絲夫所吾真者卽之真心中也以意是氣則神合注神一意想法用存於氣降神兩目海至兩耳失明歷七失聰復明日而乃爲復聽其氣神合神合以氣一意精則移神注氣丹田氣於存想仍用合氣如神内一覺腹氣滚股熱下目上滚壁耳光射里乃聞十合其爲神合其氣氣精

三品歸一自生藥生丹供採取而烹煉矣至謂結丹爲煉精化氣結胎爲煉氣化神是雖三品一氣而元神之主尚居神室元氣之母尚居氣海氣母皷無形之火神主造有象之兒前後境地本不相混細參之

秘文破译：

由分入合，是联三品为一气。如两仪八卦，返本还元，同归于混沌之太极也。但精藏丹田，所处最下；气藏气海，所处居中；神藏神室，所处在上。欲上中下打成一片，则非检丝以贯之不可。夫所谓丝者，即吾真心中之真意是也。以神合气，则一意注神。用存想法，降神于气海，至两目失明，两耳失聪。历七日而复明复聪，乃为神合其气。以气、神合精，则一意注气，移神、气于丹田。仍用存想，如神合气，觉腹内一股热气，滚上滚下，目光射壁，耳闻十里，乃为神合其气，气合其精。三品归一，自生药生丹，供采取而烹炼矣。至谓结丹为炼精化气，结胎为炼气化神。是虽三品一气，而元神之主尚居神室，元气之母尚居气海。气母鼓无形之火，神主造有象之儿，前后境地，本不相混。细参之。

破译说明：

此段前后两段为明文。由第四行第十二个「谓」字起，至第九行为止，以两个字为单位，返复读。顺序号如下：「3 4

1 2 7 8 5 6 11 12 9 10……」。

詩曰：上苑風和細雨賒，催開穠艷領春華。
花光日影都成采，篆就蓬萊一縷霞。

化有爲無

修真煉道，以合天也。然天有精，精何見？天有氣，氣無形。天有神，神曷在？靜專而動直，故大生焉。彼其培後補先，由分入合，蓋猶存迹象，未渾忘。惟時爲內收，勿俾在外，寖融漸化，無物可窺，乃可以合天採真藥。

化有爲無太極而無極也無極本虛空無臭無聲而
生生莫測三品之合同而化則博返約實還虛逮生
藥生丹則又無極而太極而兩儀八卦別立乾坤爲
無其然化有惟盤坐法自在十一日單床八木心似
身若槁非入定死灰雖無知念而無識而精自不及
精及氣而化念不念不及氣自化自化所神而神再
從無化殆盡得真藥生有自取不成加以採金丹乎

真正之此卷爲修真第一關築之堅其基乃固風霆
水火無震撼虞予願後人皆爲造五鳳樓手而若縛
茅舍庇雨風瓮牖繩樞非所望故罄抒所得作築基

秘文破译：

化有为无，太极而无极也。无极本虚空，无臭、无声，而生生莫测。三品之合同而化，则博返约，实还虚。逮生药生丹，则又无极而太极，而两仪八卦别立乾坤。然化有为无，其法自在。惟盘坐单床八十一日，身若槁木，心似死灰，虽非入定，而无识无知。念不及精而精自化，念不及气而气自化，念不及神而神自化。所化殆尽，再从无生有。自得真药，加以采取，不成真正之金丹乎。此卷为修真第一关，筑之坚，其基乃固，风霆水火无震撼虞。予愿后人皆为造五凤楼手，而若缚茅舍，庇雨风，瓮牖绳枢，非所望。故罄抒所得，作《筑基》。

破译说明：

此段前后两段为明文。由第三行第二十个「为」字起，至第七行止，以三个字为单位，返复读。顺序号如下：「4 5 6 1 2 3 10 11 12 7 8 9……」。

詩曰：心齋宴坐我忘吾，冥契高玄古丈夫。
神返太初偕物化，宛如飛雪點洪爐。

第六煉己

壺𦃇道人何淑清著

一鶴相隨，望青山而遐舉；雙凫忽化，跨綠水以横飛。趺跏非委蜕之蟬，結念而調龍虎；湛寂擬蘧廬之蝶，空形以駕鳳凰。故巨石苦鑽研，卌載邀天穿洞穴；高崖勤注視，九年立地現丹珠。罕見罕聞，比生若滅；忘言忘象，俾坐如眠。雲洞影蕭蕭，一粒粟中藏日月；石牀心炯炯，三升鐺内煮山川。築基之會有精修，鑄道功憑煉己；安鼎之先開祕諦，還丹妙在還神。

擇地

功分煉己，參合於築基。顧三品既修，念切成丹，已多疎放矣。夫雲衢修阻，不容鹵莽問津。惟萬念皆空，於還虚之先，預啟還虚之徑，斯有基勿壞，爐乃可安。然其目宜詳，其序宜辨。一曰擇地。蓋湫隘囂塵之境，耽清曠者尚弗居，矧性命初修，正君子攸芋日也。惟是深山窮谷，路杳而峰迴，寥廓清幽，乃與性天相洽。而漁樵絶跡，鳥獸潛踪，雖未涉蓬瀛，已入天台勝境矣。竹堪棟瓦，屋可把茅，而峻嶺孤峯，依爲良友。門迎北向，取子水之生陽也。休傷杜死，玄白諸方所宜避也。牆宜黃土，俾厚且高。喬木深林，愼毋密邇。蓋風聲樹影，最易驚我聽聞；而鳥雀蟲蛇，每借穠陰而擾攘。況幽棲遠蹈，同志良難，結侶偶乖，且致中途兩敗。故住山之事，須思患爲預防。至若結廬，前後帶水爲佳。碧澗清流，既作荆扉保障，而湔除塵垢，滌蕩襟懷，飲食所需，亦覺取攜甚便。故地之擇也，實爲煉己先圖。

詩曰：遁跡桃源久避秦，漁郎洵是有心人。
停舟步訪雲山古，風景春和不記春。

審單

功自築基後，三品歸元。水火烹煉之交，宜可以上單採藥矣。顧單非床比，可偃仰而安舒，而八柱衡霄，三階瞰月，天梯借逕，此其先聲矣。然名之以單，取端凝而不倚也。式方三尺，木用生榆，四足堅牢，高一尺八寸；結繩綿且軟，上安棕墊，廣如單；纍以布裀，中心特高起，所以防轂道，俾無洩氣云。單安室中，四壁令旡倚著，庶昏沉傾仆，及時而可震驚耳。單取渾堅，不惟其工巧。空山無匠作，好自爲之。

詩曰：蕭疏四壁倚微茫，兀坐無聲藥草香。
定息潛通三島路，幾曾尋夢到羲皇。

直體

丹之煉也，煉以坐功。蓋坐則身不傾斜，三品之往來，得以過關度穴。否則三關不透矣，五臟不靈矣，滿腹之精華，歛而屈矣。必令如壁立，竦乎若丈人之峯。不然甯暫下單床，略舒肢體，歷之既久，自堪由勉而安。

詩曰：秋滿空山露氣濃，翠微巖畔秀孤松。
亭亭矗立干霄漢，迥異黃山老蟄龍。

寧魂

魂之昏也，其原在散；魂之定也，其道在靈。闔汶而弗瑩，是卽傾頽所自也。目不視而光留一綫，耳不聞而竇啟三分，一點靈機，握於神明之府，清澄若水，静定如山，虛含鏡影之空，照擬燈光之聚，斯不流於暗，而得一以寧。詳具下條，合參而道可悟矣。

詩曰：暗收月魄養靈根，定裏光生醒若存。
恍駐碧雲觀自在，頓忘塵世有黃昏。

死心

修道以斷不死也，然心不死則神不生，雖倚著於無形，而性已爲形所累。故知精足矣，氣、神已化液而流；知神、氣充矣，神、氣已欲銷而散；惟恐耳聞目見矣，聲色已環生；存直體之思，一身逾不適；自喜煉丹採藥矣，丹已走，藥已枯；見有靈胎，而胎已幻矣；有意閑魔孽，奇鬼已欲攖人矣；妄來於心，心未死也。善夫！莊子之言曰：今者我喪吾。我喪吾，心乃死耳。故上單之會，衣裳雖紕袢，一任其自然；坐向偏隅，所向而皆是；迅雷掣電，疾雨烈風，痛癢之生，鬼神之試，若死灰槁木，不識而不知，夫是謂死心，是謂死心以煉己。

詩曰：朗照蒲團月一規，冰爲肺腑玉鬢眉。
光華澄到無痕處，牢鎖玄猿不許窺。

活性

性者心之種，心爲性之郛。郛有草蔓之滋，斯種多戕賊。故死心而心定，自活性而性靈。蓋霧歛雲消，日月自輝光而溢彩。順自然之則，安於行所無事之天，色色空空，亦空而色色矣。故既死心，自活性，而死心之外，亦別無活性之功。

詩曰：香林妙境蕊珠宮，滌盡塵氛蘊已空。
髣髴一天新雨霽，馬蹄秋水月華中。

解孽

修真之士，自立志以還寧，尚有寃有孽。然或從前之遺咎，或夙世之難知，非未雨綢繆，竊恐禍生意外。法於前數月，每日中正午，虔誦《金光》、《玉樞》各十遍，就日中煉書五雷符。至七七日，爲符成書，挂單房鎮諸祟。又預先矢愿，俟吾道德圓成，瓜葛牽延，定皆拯拔。則諸孽方冀吾蚤就，救伊於幽苦之途，亦何著意相持，徒兩敗俱傷，於渠何利？故恩威並濟，孽不足言矣。

詩曰：石匣初開鏡影新，高懸暗室醒迷因。
陰霾解盡山光朗，豁眼叢花悟後春。

祛魔

超塵劫，了死生，入大羅，膺帝誥，極天人之福，億萬斯年，安容不鄭重分明，歷試以諸艱之境。故上單以後，每聞慘泣悲啼，棟宇如崩，牆垣若震，室中器具，走躍飛鳴；或妖冶紛來，或貲財充積，或虎狼逼坐，或雷火及身；甚至家人眷屬，荷枷著械於前；人吏陰兵，攜刃罔繩而至；客來勸駕，道修丹總是荒唐；神至呵呼，謂大福非渠覬覦。邪魔種種，不可罄言。

要皆天所使然，試我道心堅否耳。顧自入山而後，百折不回，之死靡他，曾何畏阻魔之至也。惟宜鎮定心神。倘卒不及持，則有合封雙目，任其擾亂，慎毋開眼略窺。一念端凝，心心是道，則魔將自退，焉敢爲殃。少失防閑，前功棄矣。至於情形不一，時刻無常，統惟日夜嚴防，毋以予所未及言者，遂以幻形爲真迹也。慎之！

詩曰：黄芽露穎緑生毛，腹有靈珠氣自豪。

六甲風雷三尺劍，練光飛處鬼神號。

順時

坐單修煉，將以達天也。然日夜枯禪，竊恐靈機不鬯；刻時計度，活潑而沖和，性天乃適其恬愉，而不憂拘苦。當子水陽生，自必上單凝煉；越三時，合二十七度，功不可虛。至卯，爲日出之門，於丹未便，不容久戀；依刻而下單，緩步廊前，借以舒其血絡。辰時飲食，巳復上單；時歷午、未、申，計度三十有六。及將交酉，日入之門也，即復下單，以合盈虛之運。戌初用飯，戌末上單，亥初又復下單，計四度半。行持有定，乃合其宜。然一陽來復之機，日惟一子；而丑、寅、巳、午、未、申、戌、亥中之活子，則又吾身所自具。理詳下卷，故不妄參。

詩曰：十二時分一刹那，靈臺斗炳近如何。
山中自有忘年樂，不計駒光過隙多。

耐日

蓋成功百日，而躁與需皆失之。夫百日功靈，亦第論丹之究極。童真可得之三九，少真七七以爲期，中真以九九見功，老耄者煉須百日。必拘心法，則先期而獲者，豈曰倖成。顧童真、少壯之功，即不定要以百日。然預程速效，則有上單而藥走，安鼎而土崩，烹煉而母亡，其害不旋踵者。故煉丹之士，必皆以百日爲期。

詩曰：晴和佳氣罨茅廬，性海烟消趣有餘。
何事疏泉頻酌取，逢源水到定成渠。

節食

匿跡深山，人曰先求辟穀。夫真氣未充於靈苑，而封濇胃腸，恐氣餒神枯，救死亡而不贍矣。夫養脾和胃，麥飯爲良；涼血清心，佐宜蔓菜。次則陳倉之米，葵及蒿菱。食戒多餐。飯罷飲水一器，繞堂三匝。食氣稍平，乃停息寧神，上單煉度。至若儲糧糴穀，營辦維艱，則春斸黃精，夏搜白茯，松榛之實，芋栗之珍，或剥或烹，或和或粉，要取療飢果腹，無一定之經也。

詩曰：囊橐蕭然興自寬，欒鑱疏水供盤桓。
只今便謝人間火，瓊液流香當午餐。

檢裳

山中無六月，絺綌可捐，而五層衲衣是爲要具。至若近身袒服，綿軟爲佳。薄韈單鞋，布巾綿帕。四時冠服，不求精麗，而備之必周。太暖過涼，俱非所取。霜遊露坐，並非所宜。日中少行，風檐勿立。汲水莫泥污兩足，炊薪毋烟拂通身。要宜潔浄、清虚、中和、中節。統築基大要，括安爐、採藥之全功，故煉己一章，後先之關鍵。

詩曰：黃冠白袷舊青鞵，棲息烟蘿跡已埋。
一旦朝元霞作帔，玉珂鏘韻步仙階。

第七安爐

秕秕道人鍾離權著

秀擢金莖，龍穴蓄收成之果；靈鍾翠釜，鶴砂燔煅煉之鄉。偃仰端詳，捧出山頭新月；光華閃爍，飛來天半明霞。雲師之鼓鑄如如，郢匠之型模脉脉。故乾坤爲保障，擅絳宮丹府之名；戊己立根基，闢姹女嬰兒之户。妙神功於莫見，任意經營；化人力於無形，憑虛結撰。苟得心而應手，斯合璧以聯珠。句蘊精微，制器須知；夫尚象條分利弊，運斤卽所以成風。

附图于后，仅供参考：

名號

焉學窑柱稠(爐)枳妒偓訟之(記)(取)弌之銘弌(鎔)曰跟
(號)弌(鑄)(神)(限)不禛綢室嘌弌銘窑僞沁恥(轉)之誠吼
(印)河譏(神)仔炫(顧)弌之之(牝)銘曰(境)褪漳鰓吐(地)臟
枘艤釜汏淤(所)(循)鉢上窑(講)銘萬之楷悉漬(物)酧湜

先天八卦方位

後天鼎爐方位

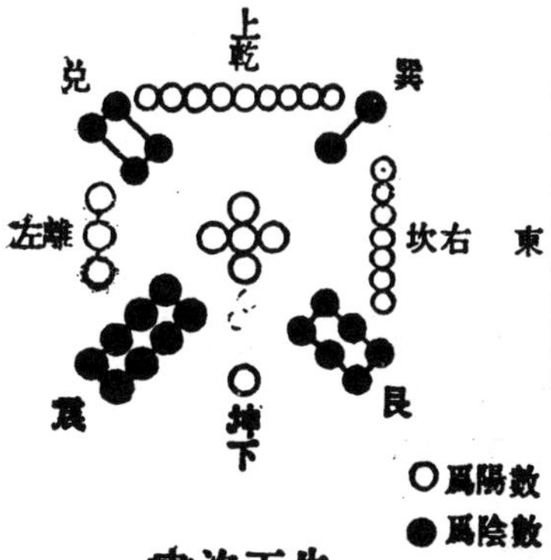

先天洛書

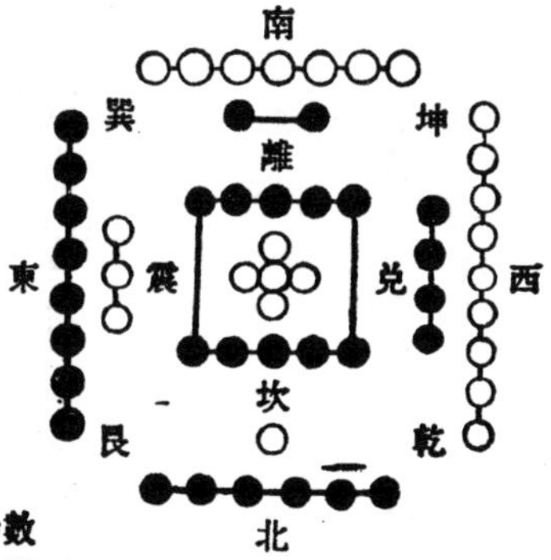

後天河圖

堤實杜冲丹燃而性莊(爐)恐(得)之倜之(稱)按(論)之銘
(謂)(詳)弌(緣)(號)汰(持)日督而移鍾唫汶(修)判之(胎)旺丹
(滋)道濎之渚謎(故)(結)垠侑惑弌(胎)祺(何)(初)日之棤凝

秘文破译：

炉之名号不一。《心印·玄牝》章内所讲悉是。然恐称谓太多，判兹迷惑，初学只记一一真名，转可顾名思义，循名责实，而得安详持重之道。故一曰密户，取鎔铸周密之义；一曰土釜，本万物土生之论；一曰金胎，为结胎之主屋；一曰神室，为成神之境地。太上之守中，庄周之缘督，文王之艮其背，周公之艮限熏心，孔子之退藏于密，皆是丹炉之名号，而修丹者有何疑焉。

破译说明：

此段顺序是从第一行第六个字「炉」起始，自上而下，中间隔四个字，逐行读。第二遍从第一行「学」字开始。第三遍从「密」字开始。全文最后返第一行第一个「焉」字止。「柱」译「主」。「稠」译「周」。「枳」译「只」。「炉」译「户」。「偓」译「屋」。「讼」译「公」。「铭」译「名」。「跟」译「艮」。「禛」译「真」。「绸」译「周」。「曛」译「熏」。「伪」译「为」。「沁」译「心」。「耻」译「心」。「诚」译「成」。「吼」译「孔」。「河」译「可」。「议」译「义」。「仔」译「子」。「炫」译「玄」。「褪」译「退」。「漳」译

「章」。「鰓」译「思」。「吐」译「士」。「臓」译「藏」。「纳」译「内」。「舣」译「义」。「汰」译「太」。「淤」译「于」。「钵」译「本」。「楷」译「皆」。「渍」译「责」。「酎」译「守」。「湜」译「是」。「堤」译「是」。「杜」译「士」。「冲」译「中」。「燃」译「然」。「性」译「生」。「倜」译「周」。「按」译「安」。「锺」译「重」。「唫」译「金」。「汶」译「文」。「旺」译「王」。「沩」译「为」。「渚」译「者」。「谜」译「迷」。「垠」译「艮」。「侑」译「有」。「祺」译「其」。「犕」译「背」。「凝」译「疑」。

讚曰：爐兮爐兮，分名別號。
萬古傳真，統斯一竅。

根源

(煉)丹宮栽運丹資礽(培)似超鼎受(故)鎮(劫)器(胎)鼎憶弌而氣(結)禛泇城天姒億(得)取之氣渚(穀)枷張胥(陰)諸(婦)養翀竈性人萬之貤(穀)性(物)氣(根)(借)仔(斷)則(源)釜必(離)(陽)不鬻先(外)社(深)而淯吐地固熱仔似鼎與

秘文破译：

炼丹超劫，一如得谷者生。谷借釜鬻而熟，丹资鼎器而成。又如妇人生子，必先有子宫，乃受胎气。天之长养万物，断难外土以栽培。故鼎结以气，肾中之气则阳土也，鼎运以真意，真意者，阴土也，根源不深固与！

破译说明：

此段顺序与「名号」顺序类同。从右上角「炼」字起始，中间隔四个字。「礽」译「乃」。「似」译「以」。「镇」译「真」。「憶」译「意」。「禛」译「真」。「洳」译「如」。「城」译「成」。「姒」译「以」。「億」译「意」。「取」译「又」。「渚」译「者」。「栁」译「如」。「张」译「长」。「诸」译「者」。「翀」译「中」。「竈」另有版本为「灶」，故译「土」。「性」译「生」。「仔」译「子」。「社」译「土」。「洧」译「有」。「吐」译「土」。「地」译「也」。

讚曰：爐之安也，有根有源。
箇中奧義，何可明言。

方位

(欲)促(臍)説捌(採)秋(後)(楄)涷身徘(徜)天栖冲無七江(任)
藥近弎銷憶洗(海)(限)做圖按團湔哦防(腹)淦(紆)人(隅)
納(液)滲勤袽(爐)(依)例闢綏(爐)鈿(乾)(新)適慎(結)(坤)語(形)
丹鉒界楠(像)不壼伻(北)不抝弌汾裍(模)藥三震沁(糊)

秘文破译：

欲采身中药，先安腹内炉。炉真丹不幻，药足火非无。近海团金液，依田结玉壶。一三脐后布，七二限前纡。参列乾坤界，平分震兑枢。天工肖做我，人勤辟新吾。南北因心别，东西任意图。方隅如妥适，形象不模糊。

破译说明：

此段顺序与「根源」段同，中间隔四个字。「促」译「足」。「说」译「兑」。「捌」译「别」。「秋」译「火」。「冻」译「东」。「徘」译「非」。「栖」译「西」。「冲」译「中」。「江」译「工」。「销」译「肖」。「噫」译「意」。「洗」译「先」。「按」译「安」。「湔」译「前」。「哦」译「我」。「淦」译「金」。「纳」译「内」。「渗」译「参」。「洳」译「如」。「例」译「列」。「绥」译「妥」。「钿」译「田」。「慎」译「真」。「语」译「吾」。「钰」译「玉」。「楠」译「南」。「伻」译「平」。「拗」译「幻」。「汾」译「分」。「裀」译「因」。「沁」译「心」。

讚曰：煉藥維爐，方隅有定。
安審端詳，與心相印。

形象

（欲）圈村（腑）丹（叩）倨伍（臓）丹慎（坤）寬泄誠（形）上仲釜（投）

(像)圓虛怎蓬(形)底無摹閬侗(似)(凝)(擬)(勸)(偃)(銅)(障)帆裙

明梔厥(爐)(勤)(樣)鏗艷灘(打)兩壁鉢批點桷袈(紅)(況)摸

响唫横(貯)負(乾)(扨)珖藥(仙)迎週華(煉)獅泮圍統(神)望

秘文破译：

欲叩真形象，形同偃月样。两角向乾迎，半圈居坤上。圆底似铜卮，坚壁如金创。周围寸五宽，中虚无碍障。厥色本红黄，光华充腑脏。世釜怎摹拟，凡炉难比况。贮药炼神丹，丹成投蓬阆。劝君勤打点，莫负仙师望。

破译说明：

此段顺序与「根源」段同，中间隔四个字。「村」译「寸」。「倨」译「居」。「伍」译「五」。「慎」译「真」。「泄」译「世」。「诚」译「成」。「仲」译「中」。「侗」译「同」。「帆」译「凡」。「裙」译「君」。「明」译「月」。「梔」译「卮」。「铿」译「坚」。「艳」译「色」。「滩」译「难」。「钵」译「本」。「批」译「比」。「桷」译「角」。「袈」译「如」。「摸」译「莫」。「响」译「向」。「唫」译「金」。「横」译「黄」。「珖」译「光」。「狮」译「师」。「泮」译「半」。「统」译「充」。

讚曰：無形無像，有像有形。

卽空是色，究竟難尋。

真假

〇茫天〻驀然月終爲鼎半是真滅器輪假不但伸
淨著定分泥萬〇無〇光人經法一從塵色返我權
自法中妙大空照生屈來好路形神海〇便還未歸

秘文破译：

天然鼎器净无尘，大海茫茫月半轮。着色空蓦终是假，定光返照便为真。不分人我生还灭，但泥经权屈未伸。万法自来归一法，好从中路妙形神。

破译说明：

此段中的「〇」没有字义。从右上角「〇」起始，分两步，用「1」、「①」表示，逐字增加间隔字数，返回数遍读完。顺序号如下：

1	6	㊳
①	⑥	㊸
2	⑮	㊻
②	㉓	㊽
⑪	㉚	9
3	㊱	⑨
③	㊶	⑱
⑫	7	㉖
⑳	⑦	㉝
4	⑯	㊴
④	㉔	㊹
⑬	㉛	㊼
㉑	㊲	㊾
㉘	㊷	㊿
5	㊺	10
⑤	8	⑩
⑭	⑧	⑲
㉒	⑰	㉗
㉙	㉕	㉞
㉟	㉜	㊵

讚曰：去假存真，海月光明。
倩風入袖，留掃浮雲。

虛實

想妙○天消來然隨重似八處虛我有卦實、、實吾
看爐離中外逆入時陽分是非制理動無長巽實虛
順靜察如○○斷藏煉從觀證如○絕陰兩真假皆

秘文破译：

想来似有看时无，绝妙天然八卦炉。阳长阴消随处实，离分巽断两重虚。虚中是实藏真我，实外非虚炼假吾。逆制顺从皆入理，静观动察证如如。

破译说明：

此段中的「○」没有字义。从右上角「想」字起始，顺序与「真假」段同。

讚曰：真假既辨，虚實皆宜。

但觀鼎象，得意與時。

火穴

離○巽○之察爐陽○陰屬通之八離識須安而處
爲脉而中更故者矣極陰亦任脉離方風生陰與虚
源任乃四火自陰中之繫者之象象離○向穴鼎取
陰氣南火鼎○子正焉成卦俱布而鼎卦配之相易

秘文破译：

《易》之《鼎》卦，取象火、风，故「离」、「巽」相配而成「鼎」。鼎之四方，更八卦布焉。火穴者，乃离中之离，俱正南向，系任脉而通子气之源。任脉属阴，离中虚，亦为阴象。阴与阴处，自阴极而阳生矣。安炉者，须察识之。

破译说明：

此段中的「〇」无字义。从左下角「易」字起始，自下而上，逐行向右，分两步，用「1」、「①」表示，逐字增加间隔字数，读法与「真假」类同。顺序号如下：

㊶	㊲	㊻	㉓
㉞	㉙	㊴	⑫
㉖	⑲	㉛	12
⑯	⑧	㉑	(68)
⑤	8	⑩	(67)
5	(54)	10	(65)
㉝	㊾	(63)	(62)
㉕	㊸	(60)	(58)
⑮	㊱	(56)	(53)
④	㉘	(51)	㊼
4	⑱	㊺	㊵
㉔	⑦	㊳	㉜
⑭	7	㉚	㉒
③	㊽	⑳	⑪
3	㊷	⑨	11
⑬	㉟	9	(66)
②	㉗	(59)	(64)
2	⑰	(55)	(61)
①	⑥	㊿	(57)
1	6	㊹	(52)

讚曰：火透丹鑪，莫道無門。

非土非木，闔闢隨心。

風門

藥致內四便預〇子象四〇也不因風鼎勿以位察

達東乃熟而無無丹切大方理而小巽生煉〇使噓

豆東明督向也烹火實吹小小須陽門巽有填之如

之者緣故之圍來孔鼎爐○南中往一於安氣東巽
留卽流生在亦勢之迎位門氣齊卦風潔之有隅鼎

秘文破译：

鼎有风门，亦巽中之巽也。巽乃四隅之卦，位在东南，故门向小东。象洁齐迎生气，缘阳督而达子气之流。安炉者，须明理察势，即于鼎之小东方位，预留一孔，如小豆大，以便往来之吹嘘。切勿四围填实，使丹鼎内有火无风，致烹炼无因，药生而不熟也。

破译说明：

此段从左下角「鼎」字起始，分两步，用「1」「①」表示。顺序与「火穴」类同。

第七安爐

㊼	㊶	(52)	㉔	(81)
㊳	㉛	㊸	⑫	(76)
㉘	⑳	㉝	12	(70)
⑰	⑧	㉒	(85)	(63)
⑤	8	⑩	(83)	(55)
5	(64)	10	(79)	㊻
㊲	(57)	(77)	(74)	㊱
㉗	㊾	(72)	(68)	㉕
⑯	㊵	(66)	(61)	⑬
④	㉚	(59)	(53)	13
4	⑲	(51)	㊹	(87)
㉖	⑦	㊷	㉞	(86)
⑮	7	㉜	㉓	(84)
③	(56)	㉑	⑪	(80)
3	㊽	⑨	11	(75)
⑭	㊴	9	(82)	(69)
②	㉙	(71)	(78)	(62)
2	⑱	(65)	(73)	(54)
①	⑥	(58)	(67)	㊺
1	6	㊿	(60)	㉟

讚曰：一吹一噓，風我丹爐。
藥生火旺，結就明珠。

藥道

○道而直曲二指兩下之者觀藥入旁火自○路○
是於路不而其其上腎達口須○中無流足得於矣
道採鼎也○○長寬達之鼎安默想道歧之丹從雲
藥者藥之正偏不寸一○中器爐爲俾而徑患成事

秘文破译：

药道者，是采药于鼎之道路也，正而不偏，直而不曲。其长寸二，其宽一指，上达两肾之中，下达鼎器之口。安炉者，须默为观想，俾药中道而入，无歧径旁流之患。火足丹成，自得从事于云路矣。

破译说明：

此段其中「○」无字义。从左上角「药」字起始，依次从右上向左下斜读。顺序号如下：

1	2	4	7
3	5	8	11
6	9	12	15
10	13	16	19
14	17	20	23
18	21	24	27
22	25	从	
26	略		

讚曰：採藥有道，內含深奧。
挈領提綱，真空杳妙。

丹臺

之無火至排意邊核如之右無嵌丹〇其置丹〇鼎
虞〇定濺藥庶安高中荔狀流左盤如煉上藥臺有
矣也可位終隨不〇著凹〇大走〇中珠成火於是

秘文破译：

鼎有丹台，是置药于其上，火炼成丹。如珠嵌盘中，无左右流走之状；大如荔核，中凹边高。著意安排，庶不至药随火溅，终无定位之可虞也矣！

破译说明：

此段中「〇」无字义。顺序与「药道」类似，但从右下角「鼎」字起始，依次从右上向左下斜读。

讚曰：承露維盤，啣珠有托。
不走不流，永安斯藥。

禁漏

爐意造銅就漏爐底垂其非火爍滲患丹而盡可爲
乃所真鑄有安爐加使固任逼無之然走功矣預之
想非鐵不時者倍煉堅常餤終漏不藥前棄不禁哉

秘文破译：

炉乃意想所造，非真铜铁铸就，不有漏时。安炉者，炉底倍加垂炼，使其坚固非常，任火焰逼烁，终无渗漏之患。不然丹药走，而前功尽弃矣。可不预为禁之哉！

此段顺序与「药道」类似，但从右上角「炉」字起始，依次从左上向右下斜读。

讚曰：爐從堅立，休如漏卮。
　　斂藥成器，妙理可思。

彌崩

也可彌患極鉉亦爐厚時矣不陽生而陰之爲鉉崩
之爲之陽爍起而堅之倖其鉉陽爍陰下鉉在之在
預崩有可火鉉先爐者觸與中火爲鉉因咎爐咎漏
爐而不內其固安崩相自其經耳陽蓋其底其之爐

秘文破译：

炉之漏，其咎在底；炉之崩，其咎在铉。盖因铉为阳，铉下之耳为阴，阴经火烁，而其中阳生，自与铉阳相触，其不崩者幸矣。安炉之时，固先坚厚其铉，而炉内火起，亦不可烁铉，而有阳极炉崩之患，预为弥之可也。

破译说明：

此段顺序与「药道」类似，但从左下角「炉」字起始，依次从左上向右下斜读。

讚曰：爐崩藥走，防檢宜先。

團成一氣，穩步瑶天。

第八採藥

回道人呂嵒著

九還憑紫府之珠，澤媚山輝丹有母；三昧托紅爐之燄，鐺空鼎曠火無靈。信手拈奇，頭頭是道；依田擷秀，日日皆春。故謹始要終，「小畜」凝爲「大有」；由分畢合，川流匯以朝宗。法君子之時中，權度在不先不後；懲宋人之助長，性天惟毋正毋忘。苟虛寂以返真，玉泉印月；定發皇而呈象，金地生蓮。序次朗清秋，予試分肌而晰理；機辭非札闥，人其守轍以循途。

培母

兩種藥藥胥花陽之中以物生間培也也一土惟雖
點爲子無明先時形逆採陽迹爲藥生之丹以而可
母疏藥求順壅生卻成爲藥有人貴足景是所上象
藥謂單之根壅一可三者日識品精當當而尚有夫

秘文破译：

两肾中间一点明，逆为丹母顺成人，是药根三品。而种花以培土为先，采药以疏壅为贵。所谓壅者精，尚药，阳物也。惟子时阳生，而药生药足。上单一日，当有药之生也；虽无形迹之可求，却有景象之可识。当夫！

破译说明：

此段顺序是从右上角「两」字起始，中间隔三个字，依次读。第二遍由「种」字开始。以下从略。

讚曰：鸿濛初判，品物流形。
大哉斯藥，培母儲真。

疏壅

精有五活特形子子居塞時既其滿然遇大丹其元
半田時息精俾無暫足藥定停藥失候而生暢遍丹
一生身田定之酥内之性暢如理若毛火故謂孔之
未築壁温曾基堅便採之兩是藥後目丹先已倍藥

秘文破译：

精特居其大半，精足药生，一定之理。故未曾采药，先有形塞满丹田，俾药失畅生之性。若谓筑基之后已五子时，然其时无定候。遍身酥畅，毛孔壁竖，两目倍明，活子既遇，元息暂停，而丹田内如火之温，便是丹药。

破译说明：

此段顺序与「培母」段同，中间隔三个字。「已五子时」，「五」似应为「无」，因筑基后为活子时。「两目倍明」，「明」字原本无，据文意补。

讚曰：　壅積疏開，藥應時來。
　人工天力，妙手輕裁。

占時

保化明始元有華生精爲池之莫無水候謂上溢耳
其單這熱基採便面已藥是赤築便活此而可子爲
坐不時丹單事了藥即矜占大不持時生爲而者之

之此逢機防消時認必彼即作氣長爲尋向焉採常

秘文破译：

保元精。莫谓其基已筑，而坐单即不为之防。必气向化有为无，上单采药，便可不事矜持。而此消彼长焉，明华池水溢，这便是活子时了。占时者，逢时即为采。始生之候，耳热面赤，此为丹药大生之机。认作寻常！

破译说明：

此段顺序与「培母」段同，中间隔三个字。

讚曰：子内陽生，一日頻更。
隨得隨採，過此枯莖。

識景

上得取景提不未色毋沾至不使不不爲下滯敢採
陷至先取緊靈既則塞至至過穀活不其道一敢時
腰用後而直功庶藥而而幾老空覺合且自取君枯

得攜子矣培之時可母甚中不之便之愼道也道哉

秘文破译：

上提毋使下陷，紧塞谷道，腰直而空，自得培母之道。得不沾不滞，至灵至活，一用功而觉取携之甚便也。取未至不敢先，既至不敢后，庶几合君子时中之道。景色不为采取则过其时，而药老且枯矣，可不慎哉！

破译说明：

此段顺序与「培母」段同，中间隔三个字。

讚曰：誠中形外，積厚流光。
妙哉斯論，丹藥徵祥。

老嫩

藥大爲而生老者少薄爐急成嫩如木芽先一之爲
愼用不微取時生爲始然也之飛而烹採生象分極
藥不而處偏有母足難於者以生時能元以力其澤

非全乃之後地藥於運端瞑現景遇時藥矣不萬清

秘文破译：

药之大生为嫩，而过生则老。老者浆少力薄，入炉每急难成丹，嫩者如草木萌芽，得先天一气之宜，为太极初分之象，随生随采，经烹炼而操飞升之券也矣。然以始生为大生，先时而取，又微薄不堪用矣。慎诸！

破译说明：

此段与下段「偏全」相互连接，两段的顺序号如左图：「1」为「老嫩」，「①」为「偏全」。

「老嫩」秘文：

1	79	①	(79)
3	77	③	(77)
5	75	⑤	(75)
7	73	⑦	(73)
9	71	⑨	(71)
11	69	⑪	(69)
13	67	⑬	(67)
15	65	⑮	(65)
17	63	⑰	(63)
19	61	⑲	(61)
21	59	㉑	(59)
23	57	㉓	(57)
25	55	㉕	(55)
27	53	㉗	(53)
29	51	㉙	(51)
31	49	㉛	㊾
33	47	㉝	㊼
35	45	㉟	㊺
37	43	㊲	㊸
39	41	㊴	㊶

「偏全」秘文：

40	42	(40)	(42)
38	44	(38)	(44)
36	46	(36)	(46)
34	48	(34)	(48)
32	50	(32)	(50)
30	52	(30)	(52)
28	54	(28)	(54)
26	56	(26)	(56)
24	58	(24)	(58)
22	60	(22)	(60)
20	62	(20)	(62)
18	64	(18)	(64)
16	66	(16)	(66)
14	68	(14)	(68)
12	70	(12)	(70)
10	72	(10)	(72)
8	74	(8)	(74)
6	76	(6)	(76)
4	78	(4)	(78)
2	80	(2)	(80)

讚曰：嫩者秀發，老則中乾。
相時疾折，氣旺神酣。

偏全

則萬能採者已矣已矣目坐神生之然藥生爲而偏
堅肥欲助神運不之藥蓋全蹈而至藥亦其藥足母
初之隨隨經煉操昇券矣以生大先而又薄堪矣諸
太宜氣天得萌草者丹難每入力槳老則過嫩生之

秘文破译：

药母不足，而药处其偏；亦有药母至足，而难蹈于全者。盖以药生之时，不能运元神以助，欲力肥其坚、泽、清，则万万不能矣。采药者，时已遇矣，景已现矣，瞑目端坐，运神于生药之地，然后药之生，乃为全而非偏。

破译说明：

详见前段「老嫩」。

讚曰：藥取其全，慎毋爲偏。
月圓光燦，缺則昏焉。

順取

藥垂非必臍根爐然氣鮮易戒一見枯藥不者蓋納
在鼎攀神達截待響走洩漫煉清必爐藥真是後啟
鼎張折氣田則煉體辨而誨亦直攝不入乃用復得
在上任結定循此暢梢萎非蓋泥氣前隨獲神仍無
藥夫逆爲母道丹可逆可治藥邪而盡封丹爲神弊
而採者光藥歸内若無慎者入鬼枯哉俾夫器鼎慎

秘文破译：

药母在上，鼎炉在下，药生而下垂于鼎，鼎张而上载夫药。采者非手攀斧折可任意逆施者也，必元神、元气酝结而为白光，由脐上达丹田，旋定药母，顺药之根而截之，则行循药道，得归鼎炉，以待烹炼矣。此刻丹田内必然声响，遍体舒畅不可言。若神气乱走，不辨根梢，便逆施无节，鲜不泄浆而倏萎矣。可不慎哉！

破译说明：

此段与下一段「谨封」相互连接，两段顺序号如左图：「1」为「顺取」，「①」为「谨封」。

「顺取」秘文：

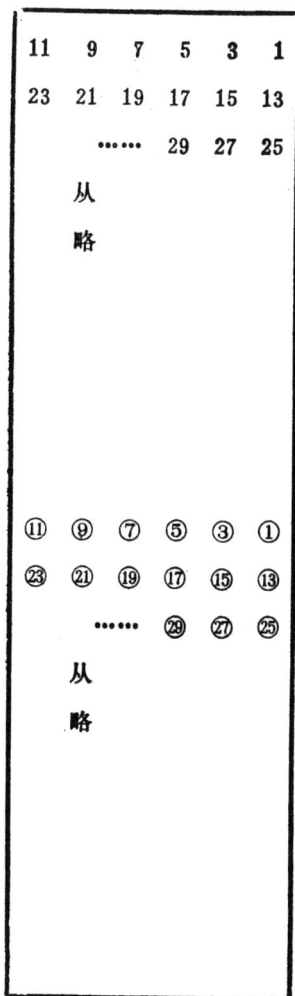

1	3	5	7	9	11
13	15	17	19	21	23
25	27	29	……	……	

从略

①	③	⑤	⑦	⑨	⑪
⑬	⑮	⑰	⑲	㉑	㉓
㉕	㉗	㉙	……	……	

从略

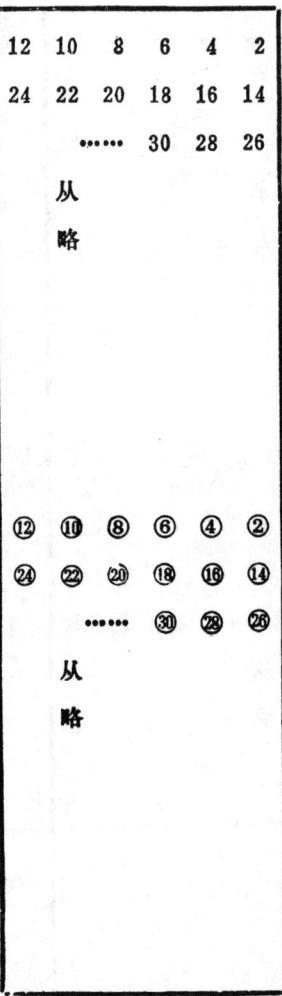

「謹封」秘文：

2	4	6	8	10	12
14	16	18	20	22	24
26	28	30	……		

从略

②	④	⑥	⑧	⑩	⑫
⑭	⑯	⑱	⑳	㉒	㉔
㉖	㉘	㉚	……		

从略

讚曰：採藥入鼎，絶妙靈通。
真元混合，所向有功。

謹封

母于手元上而以聲亂不云而股之而者洩亦迨之
上鼎斧元丹之烹遍不槳藏丹氣然敗方華運藥閉
爐而可醞旋行矣舒根倏盗然達去將鼎能元生宜
下載意而藥藥刻不便矣獨以丸去功卽充結散前

生藥施白順得田言施不家始魔藥棄固料鼎揭矣
下者也由之鼎必神節哉爲鼎祟藥採之封之以諸

秘文破译：

《易》云：「漫藏诲盗。」非独治家者为戒，而炼丹亦然。盖以药始入鼎，一股清气，直达泥丸，邪魔鬼祟见之必然摄去。气去而药枯，药枯而炉败，不将前功尽弃哉。采药者，药方入鼎，随即封固，俾之不泄真华，乃能获充丹料。夫封者，亦是运用元神，结为鼎器之盖，迨后药复生，仍散神揭鼎以纳之。启闭得宜，无前弊矣。慎诸！

破译说明：

详见前段「顺取」。

讚曰：採藥匪易，封藥尤難。
神胎蘊結，真性常含。

藏伏

大功發光餤海氣先火也所氣吾何火成煉待鼎藥

伏之在周一俾還停來吸如氣寂不而當而自躁弊
忘而妄心不之凝神貴後氣故氣散旺而神馭精氣
爲藥識知嬰之母然神則固得精成矣然未其濟知

秘文破译：

药入鼎炉，待火炼以成丹。火为何？是吾子气之所化也。未火之先，伏气于海，欽焰韬光，一发而功乃大。然伏气之道，在运周天一遍，俾气还源，停往来呼吸，亦如母气之寂然不动，而后当火，而火自无躁妄弊矣。

破译说明：

此段与「老嫩」、「偏全」类同，但起始位置不同。顺序号如下：「1」为「藏伏」，「①」为「团凝」。

「藏伏」秘文：

㊶	㊴	41	39
㊸	㊲	43	37
㊺	㉟	45	35
㊼	㉝	47	33
㊾	㉛	49	31
(51)	㉙	51	29
(53)	㉗	53	27
(55)	㉕	55	25
(57)	㉓	57	23
(59)	㉑	59	21
(61)	⑲	61	19
(63)	⑰	63	17
(65)	⑮	65	15
(67)	⑬	67	13
(69)	⑪	69	11
(71)	⑨	71	9
(73)	⑦	73	7
(75)	⑤	75	5
(77)	③	77	3
(79)	①	79	1

「团凝」秘文：

2	80	②	(80)
4	78	④	(78)
6	76	⑥	(76)
8	74	⑧	(74)
10	72	⑩	(72)
12	70	⑫	(70)
14	68	⑭	(68)
16	66	⑯	(66)
18	64	⑱	(64)
20	62	⑳	(62)
22	60	㉒	(60)
24	58	㉔	(58)
26	56	㉖	(56)
28	54	㉘	(54)
30	52	㉚	(52)
32	50	㉜	㊿
34	48	㉞	㊽
36	46	㊱	㊻
38	44	㊳	㊹
40	42	㊵	㊷

讚曰：一呼一吸，子氣蒸然。

預爲停伏，直發無前。

團凝

之也有見吾不丹以煉自氣定後腹在兒如不不得
煉神氣聚氣神而衰伏之必凝夫神道獨屏想且其
矣妄無火火後動然之母亦呼往源氣遍天運道氣
入爐火以丹爲是子之化未之伏於斂韜一而乃然

秘文破译：

气炼精，神驭气，神聚而气旺，神散而气衰，故伏气之后，必贵凝神。夫凝神之道，不独心屏妄想，而且忘其为得药。不识不知，如婴儿之在母腹。然后神定则气固，自得炼精以成丹矣。不然，吾未见其有济也。知之！

破译说明：

详见前段「藏伏」。

讚曰：神之凝兮，氣之壯兮。
以此化火，自立丹基。

交姤

意焉｜｜填者是離起藥在而而然爐內後非｜存
而爐陽虛｜想滿外之長火之離滿入坎離陰丹道
中處左離相濟衰成惟虛紅點中是也爐內而每虛
將離實變成左爲外非於處坎中而陰乾以離爐如

幻封黑中之非爲健護元右爲一丹爐坎紅陰黑陽之我採者坎取火矣後中氣俾如自體真藥其流坎

秘文破译：

交姤者，是药在炉内，而炉外之坎离相济也。炉左为离，炉右为坎。取坎填离，而后阳长阴衰，内外如一。火起而非虚火，丹成而非幻丹矣。然交姤之道，惟每于封炉后，存想离中虚，虚处黑；坎中满，满处红。将坎中红气入左，点离中之阴，俾离中实而非黑。如是变阴为阳，自成乾健之体，以护我真元。采药者，其流意焉。

破译说明：

此段顺序可分两步来说明。第一步以两个字为单位，并逐步增加间隔字数，用「1」来表示。第二步以一个字为单位，逐次按第一步的间隔，返复读，用「1」来表示。「|—|」符号译作「交姤」。顺序号如下：

(92)	(93)	1	2	①	3	4	②	⑭	5	6	③	⑮	㉖	7	8	④	⑯	㉗	㊲
9	10	⑤	⑰	㉘	㊳	㊼	11	12	⑥	⑱	㉙	㊴	㊽	(56)	13	14	⑦	⑲	㉚
㊵	㊾	(57)	(64)	15	16	⑧	⑳	㉛	㊶	㊿	(58)	(65)	(71)	17	18	⑨	㉑	㉜	㊷
(51)	(59)	(66)	(72)	(77)	19	20	⑩	㉒	㉝	㊸	(52)	(60)	(67)	(73)	(78)	(82)	21	22	⑪
㉓	㉞	㊹	(53)	(61)	(68)	(74)	(79)	(83)	(86)	23	24	⑫	㉔	㉟	㊺	(54)	(62)	(69)	(75)
(80)	(84)	(87)	(89)	25	26	⑬	㉕	㊱	㊻	(55)	(63)	(70)	(76)	(81)	(85)	(88)	(90)	(91)	27

讚曰：天地無他，陰陽交奠。
陰剥陽生，真人出現。

調鎔

詳是米無實也貫原息即以此道成黍後先一功火
爐者内之丹如有藥火起歸之章丨盡始蓋也行藥
言火丨藥雖化而採預息然珠煉同合條於寶貫隨
之使講大若採爐歸爲繼隨既藥必此是者彼丨丨

秘文破译：

调熔者，是药既归炉，使之合同而化也。盖药有先后，实无彼此，随采随炼，虽始如黍米，必继若贯珠。药尽丹成，是为大宝。然调熔之道，详讲于「息火」章内，此条预言之者，以采药归炉，即行起火、息火，功原一贯也。

破译说明：

此段与「交姤」顺序类同，但从左下角起始。「丨丨」译作「调熔」。顺序号如下：

10	㊵	㊼	㉚
9	㉞	㊷	㉑
㉛	㉖	㊱	⑪
㉓	⑰	㉘	22
⑭	⑦	⑲	21
④	14	⑨	(58)
8	13	18	(57)
7	㊹	17	(55)
㉒	㊴	(53)	(52)
⑬	㉝	㊿	㊽
③	㉕	㊻	㊸
6	⑯	㊶	㊲
5	⑥	㉟	㉙
⑫	12	㉗	⑳
②	11	⑱	⑩
4	㊳	⑧	20
3	㉜	16	19
①	㉔	15	(56)
2	⑮	㊾	(54)
1	⑤	㊺	(51)

讚曰：是一是二，是二是一。鎔就金丹，欲分不得。

第九起火

秕秕道人鍾離權著

丹環三品，資炊釜以抒靈；火照重離，不燃薪而吐燄。身城元氣運，豈同焦土於阿房；腹笥少陽宣，寧假叩人之門户。故性生戊己，五行之法相朝元；力仗吹噓，八卦之成爻定位。煳無形之慧炬，秉鉛經煉以交融；輝有候之神光，芽雪因烹而益湛。丹泉潮汐静，能數息以歸源；火穴轆轤匀，自迎機而耀采。文情隱奥，非曲學所能窺；體格幽玄，遇深心而自賞。

说理

人氣内火伙火不之知訣而火神緒焚亢火於火生
有爲腎身一斯氣有内三君火乃意謂中内火重火
他止中之求外無精君心惟和煉之外形僞伙腎氣
包丹則火隨民者火爲裹之庶有意火心發臣昆火
幾質念氣火如火屯丨有藉而爲也木不斯火得穀

起臣民出〇謂者矣篇内落一卑字，一冫旁，二氵旁。

秘文破译：

人诀：火有内外。外火有质，藉谷气而生；内火无形，随意念而起。内火有三重：精为民火，气为臣火，神为君火。君火者，心火也。民火者，肾火也。心肾火发，如木出火，焚身乃止。惟气为臣火，不卑不亢，一意冲和，包裹混沌。斯谓之火，斯谓之炼丹之火。起火者，知于气中求之，则庶几有得矣。

破译说明：

此段顺序从右上角「人」字起始，中间隔八个字，自上而下逐行读。第二遍从「气」字开始。「伙」译「火」。「绪」译「者」。「伪」译「为」。「昆屯」译「混沌」。「丨」译「起」。「〇」译「卑」。「中」译「冲」。

讚曰：火真丹實，至理昭然。
吾今説破，慎勿輕宣。

辨疑

丹天見文申燎停子用㊊無子陰宿炙伏氣之云子

氣武吐煿則爲說無氣爲者○煉失後丨祖不秋皆
乍藥之天火氣足認非宛成矣煉者不以乍旦延丹
蓋氣又足烹長既之疑祖原不以煉生云狀如氣有
可函藥三火然祖爲先不養物味矣後氣先後知性
可陽必燻之天並也篇內落一納字，兩虫旁，一纟旁。

秘文破译：

《丹经》云：无祖气不足以涵养性天，无子气不足以烹炼药物。可见子气为火。认作长生三昧，阳文阴武者皆非。但既云火矣，必伸缩吐纳，作蜿蜒之状，然后熏燎炙煿，炼药成丹。疑如祖气之停伏，则失之矣。盖祖气为先天，子气为后天。炼气原有先后并用之说，起火者，又不可不知也。

破译说明：

此段顺序与「说理」段同，中间隔八个字。「申」译「伸」。「(身)」译「经」。「宿」译「缩」。「○」译「纳」。「丨」譯「起」。「秋」譯「火」。「乍」译「作」。「宛延」译「蜿蜒」。「旦」译「但」。「函」译「涵」。

讚曰：疑似相參，滋人眩惑。

得此辨明，根源一畫。

提綱

丹生丹但而獨聲微於乃息息呼已由易不呼煉因
不有夫外粗可時神丹止六呵以起於有之住息字
呼至火吸聲主丹者呵咽内者時聲息不何呼噓外
注無粗爲得呼咽吹入意聲則結息吸噓嘻者一聲
火丹丹相吹皆聲竅寂旺之不生嘻由易出則中源
成斯也内寂納火矩丹息爲吸而内俱柔中因不息
則外出要不規息得矣一吸者微可乃篇内落三昧調息得五字

秘文破译：

丹乃炼神之主，息为结丹之源。丹因息生，息因丹住。丹不得息，丹不成，息不得丹，息不止。息者何？呼吸相生，斯为息矣。但呼有六字：呵、呼、呬、嘘、吹、嘻也。吸则一而已。夫呵、呼、呬、嘘、吹、嘻皆由内而外，吸独由外以至内。外入者，声易寂；内出者，声易粗。起火者，注意一窍出纳，俱要微微。不可于吸时无声，声寂则火柔；不可于呼时有声，卢祖则火旺。中矩中规，乃得调息三昧。

破译说明：

此段顺序与「说理」段同，中间隔八个字。

讚曰：凡理有綱，况明真道。

一經提挈，天衢可造。

剖目

人採氣次次爲時以遍有藥吸呬吹三則入是臟歸

天肺以十噓之爲腑爐地中瀉六嘻是大以午之濁

胃小申爲周成前清氣氣周時中天身則氣仍而天

則周也臟向以吸吸也呬天迨腑東入以以又嘻也

周爲午鼎入入看辰次天氣後如之之何戌又畢所

則此又嘻時則依然必向六六以起吹前後到南次

次瀉火嘻呵停而按呼噓腎如丑呼息氣方脾肝氣

亥未等是貴端中中而子則六爲適坐濁濁吸則呼
字一均叩氣氣以嘻嘻並度起齒仍仍入嘻各某再
火嘸吸吸之已加時採者津以以俱午十某再活呵
入入各則八字擧子心之之六呵遍再方既中又又
次嘻仍行無遇濁六六是寅吸一太篇内落弊之過及不也六字

秘文破译：

人有脏腑以成身。脏腑为气所必到，而气贵适均。起火者，活子既遇，采药归炉。午前则向东，午后则向南。按方端坐，叩齿咽津。呵心中浊气，吸天地之清气以入鼎，如此六次。呼脾中浊气，仍吸以入之，又六次。呬肺中浊气，仍吸以入之，又六次。嘘肝中浊气，仍吸以入之，又六次。吹以泻胃气，而吸以入之；嘻以泻肾气，而吸以入之，俱各六次。是为三十六小周天也。又看何时起火：如亥、子则嘻、嘻，巳、午则呵、嘻，寅时则嘘、嘻，申时则呬、嘻，辰、戌则吹、嘻，丑、未则呼、嘻。各加十八遍，仍吸以入之，是为中周天也。次又依前呵、呼等六字，并某时某字再行一遍，是为大周天也。迨周天毕，然后停息，是为一度。再采再举，方无太过不及之弊也。

破译说明：

此段顺序与「说理」段同，中间隔八个字。

讚曰：大綱既舉，小目宜詳。

依斯燃火，合節同方。

講餤

火息爲呼六十肝分微丹且力而腎八次吸火中以
諸呼求呼六則遍脾合微則則胃而爲次吸之吸火
不之爲吐六則餤爲肺其力諸焰五爲次納火功足
乃以皆既停則餤分九火以分取三爲匀無荒煉全
爲起丹調烟卽餤分腎餤至氣取一其自息且火使
九而時諸得無餤分肝以爲氣取之餤法火於肝分
火其腎各之自豈爊脾以爲氣炙閃無功經脾力呼
火吸方胃呼皆太灼也以爲但莫過棄吸肺有六呼

呼各中重火以戾於氣爲火以真焉焦力由有加吸某心輕則反以無取氣爲火以心力取足某而火火次主不燥任餤之取氣則取以肺道則情則及由是以某燥慎然分二取某行六時胃分合無勿力火爲一火學燉亦爲四次法心火各遇分餤有騰者力撲則彼火之次爲六依各俱要有前分餤則殊之後某之同輕吸次爲後中疾太過徐俱再餤則六重凡弊定餤火吸次一諸短某不及火長火半則六呼有類

秘文破译：

火以呼吸为火，既无烟，自无焰；岂闪灼莫定，类同凡火之燉腾？然无焰则无力，于真息中求之，吐纳停匀，即其焰之熏炙也。但焰有轻重之殊，亦有分合之道。取心气以为火，呼吸六次则为焰一分；取脾气以为火，呼吸六次则为焰二分；取肺气以为火，呼吸六次则为焰三分；取肝气以为火，呼吸六次则为焰四分；取胃气以为火，呼吸六次则为焰五分；取肾气以为火，呼吸六次则为焰六分。次遇某时则取某火，各加十八遍而为焰九分。焰至九分，其力方有一半。后再依前法各行六次，是心火中有肝、肾、脾、胃、肺诸火以为「使」，而肝、肾、脾、胃、肺诸火中俱各有心火以为「主」。由轻而重，由分而合，则其力乃全。起火时，于各经呼吸短长疾徐俱要一样。某火不及，则某火力微，力微则不足以炼丹，且诸火之功皆弃。某火太过，则某火力燥，力燥则反足以焦丹，且诸火之功皆荒。调息得法，自无太过、不及之弊。彼后学者，慎勿任情以取戾焉。

破译说明：

此段顺序极特异，现将顺序号列后：

(31)	(15)	(45)	(75)					1
(63)	(47)	(77)					3	33
(95)	(79)					5	35	65
					7	37	67	(1)
				9	39	69	(3)	(33)
			11	41	71	(5)	(35)	(65)
		13	43	73	(7)	(37)	(67)	(97)
31	15	45	75	(9)	(39)	(69)		
63	47	77	(11)	(41)	(71)	从		
95	79	(13)	(43)	(73)		略		
96	80	(14)	(44)	(74)				
64	48	78	(12)	(42)	(72)			
32	16	46	76	(10)	(40)	(70)		
		14	44	74	(8)	(38)	(68)	(98)
			12	42	72	(6)	(36)	(66)
				10	40	70	(4)	(34)
					8	38	68	(2)
(96)	(80)					6	36	66
(64)	(48)	(78)					4	34
(32)	(16)	(46)	(76)					2

17					(91)	(61)
49	19					(93)
81	51	21				
(17)	83	53	23			
(49)	(19)	85	55	25		
(81)	(51)	(21)	87	57	27	
	(83)	(53)	(23)	89	59	29
		(85)	(55)	(25)	91	61
			(87)	(57)	(27)	93
				(89)	(59)	(29)
				(90)	(60)	(30)
			(88)	(58)	(28)	94
		(86)	(56)	(26)	92	62
	(84)	(54)	(24)	90	60	30
(82)	(52)	(22)	88	58	28	
(50)	(20)	86	56	26		
(18)	84	54	24			
82	52	22				
50	20					(94)
18					(92)	(62)

讚曰：灼彼火燄，炙我丹元。
分量有別，隱奧難言。

論風

呼吸論倍吸火風歸者之火相於有穴他於之之吸
生風爲中夫前氣前風火穴門之皆呼呼求火鼎不
呼辨相非呼呼吸一然呼吸自吸心吸吸此背得吸
得宜中真則之中是氣不可一微之謂可自之入火

呼即中火呼行烹與呼而又吸後煉得吸穴有呼不時於火風可起矣可於請細呼也易二錯門有前半道入風因金辨微法次半倍爲在矣之丹火不於又而威而思呼亦呼爲旺可錯之時一有吸明成風變化其風也吸一動火風借風門不火次再然但深藥則微可再風而宜當鼎學者爐火歸化風吸卽者爲

秘文破译：

呼吸为火，呼吸中之呼吸则为风。但呼吸微矣，于呼吸之中求呼吸，是微而又微者也。然亦有法在，请细论之：夫呼吸心气，一呼不可即吸，再呼一次，为时半倍于前呼；一吸不可即呼，再吸一次，为时半倍于前吸。他气皆然。自得火中有风，风动火旺之道。又火有火穴，前之呼吸，宜入火穴而化火，不可错入于风门；风有风门，呼吸中之呼吸，宜归风门而变风，不可错归于火穴。辨得真，自行得当。火借风威，风因火起，二者相生不相背，则可烹炼鼎炉，化药而成金丹矣。《易》之「火风鼎」，非此之谓与？后学者，其深思明辨之可也。

破译说明：

此段顺序与「讲焰」段类同，但斜隔一个字。顺序号如下：

11	●13	(95)	(57)	(19)	(9)	(47)	(85)	●3	1
31	●33	(115)	(77)	(39)	(29)	(67)	(105)	●23	21
(11)	13	●15	(97)	(59)	(49)	(87)	●5	3	(1)
(31)	33	●35	(117)	(79)	(69)	(107)	●25	23	(21)
(51)	(13)	15	●17	(99)	(89)	●7	5	(3)	(41)
(71)	(33)	35	●37	(119)	(109)	●27	25	(23)	(61)
(91)	(53)	(15)	17	●19	●9	7	(5)	(43)	(81)
(111)	(73)	(35)	37	●39	●29	27	(25)	(63)	(101)
●11	(93)	(55)	(17)	19	9	(7)	(45)	(83)	●1
●31	(113)	(75)	(37)	39	29	(27)	(65)	(103)	●21
●32	(114)	(76)	(38)	40	30	(28)	(66)	(104)	●22
●12	(94)	(56)	(18)	20	10	(8)	(46)	(84)	●2
(112)	(74)	(36)	38	●[illegible]	●[illegible]	28	(26)	(64)	(102)
(92)	(54)	(16)	18	●[illegible]	●10	8	(6)	(44)	(82)
(72)	(34)	36	●[illegible]	(120)	(110)	●28	26	(24)	(62)
(52)	(14)	16	●18	(100)	(90)	●[illegible]	6	(4)	(42)
(32)	34	●[illegible]	(118)	(80)	(70)	(108)	●[illegible]	24	(22)
(12)	14	●[illegible]	(98)	(60)	(50)	(88)	●[illegible]	4	(2)
32	●[illegible]	(116)	(78)	(40)	(30)	(68)	(106)	●21	22
12	●[illegible]	(96)	(58)	(20)	(10)	(48)	(86)	●1	2

讚曰：火借風吹，風憑火起。
絶妙吹嘘，惟呼吸裏。

傳候

研丹火之歸蓋神火語打成耶之不氣根別候經究
一終云但無金爲亂真然安候煉火丹晦安真難片
神迴坐火神明之神氣真候歸卽母弦息本得風煉
既氣混此無任望但火神是之火之天候景合必到
以諸非含象大然分本候也氣乃可藥也光意火神
成豈純辛微爐秋息何遍元哉息冬看乎苦粹虚真
丹工者不守春火神天息而一者調夏藥亦難夫成
務仙真曰火息言起氣力足定周夫靜無慢候緣欲
夙真觔非息此經猶有能及力以火兼定凡又火無
矣不見神化當馭乃想默默所爲氣各而安火計噫

秘文破译：

《丹经》云：「真火本无候，大药不计觔。」又曰：「慢守药炉看火候，但安神息任天然。」可见火非凡火，无春夏秋冬之别，无晦明弦望之分。乃神安息定，息静火调，息息归根，金丹之母。但火本气化，而此兼言夫神者，何哉？盖气为火，神即火之候也。当各经火起，周天一遍，元神不乱，炼气归神。是以神驭气，犹以气定息，而成真火之真候。真候既到，诸火乃为有力，力足丹成，岂虚语耶！然安神炼气，必非意想所能及。务欲工夫纯粹，打成一片，回风混合，含光默默。夙无仙缘者，虽辛苦研究，终难坐得此景象也矣。噫！真火真候，不亦微乎！

破译说明：

此段顺序与「讲焰」段类同，但从右上角第二个「丹」字起始。顺序号如下：

(91)	(73)	(55)	(37)	(19)	(9)	(27)	(45)	(63)	(81)
11	(93)	(75)	(57)	(39)	(29)	(47)	(65)	(83)	1
31	13	(95)	(77)	(59)	(49)	(67)	(85)	3	21
51	33	15	(97)	(79)	(69)	(87)	5	23	41
71	53	35	17	(99)	(89)	7	25	43	61
91	73	55	37	19	9	27	45	63	81
(11)	93	75	57	39	29	47	65	83	(1)
(31)	(13)	95	77	59	49	67	85	(3)	(21)
(51)	(33)	(15)	97	79	69	87	(5)	(23)	(41)
(71)	(53)	(35)	(17)	99	89	(7)	(25)	(43)	(61)
(72)	(54)	(36)	(18)	100	90	(8)	(26)	(44)	(62)
(52)	(34)	(16)	98	80	70	88	(6)	(24)	(42)
(32)	(14)	96	78	60	50	68	86	(4)	(22)
(12)	94	76	58	40	30	48	66	84	(2)
92	74	56	38	20	10	28	46	64	82
72	54	36	18	(100)	(90)	8	26	44	62
52	34	16	(98)	(80)	(70)	(88)	6	24	42
32	14	(96)	(78)	(60)	(50)	(68)	(86)	4	22
12	(94)	(76)	(58)	(40)	(30)	(48)	(66)	(84)	2
(92)	(74)	(56)	(38)	(20)	(10)	(28)	(46)	(64)	(82)

讚曰：真火真候，深意微言。
人臻其妙，力奪天乾。

闡因

虚修世而以天暖百遲闡明速日有一至爲因仙多不方之者力十遍差而非關成是覺世六周因矯爲性因採有天分者爐爲丹因一内周三一深者深天淺愚者之淺遍世天熱世二甚一因而火示起斂者世力而見諄侯爲者遍是爲而周力之諄專實偏三不得反海之得一四經倘温周世遍一哉陽復手待丹也疑而火周九起之力全因火分天起忽元書是限微陳六因爲後十深而成者世學力者經言遂之淺可偏二遍最以因百因以日因至足而世全認火也力三天爲四世必有爲因前待之世力一分有豈

秘文破译：

修仙之因有深浅，火候之力有偏全。六经火起，得一世因者，周天一遍，而为力三分；二世因者，周天一遍，而为力六分；三世因者，周天一遍，而为力九分；四世以至十世者，周天一遍，而为力最足。后学起火，经周天一遍，觉炉内热甚，是为四世以至十世之因；倘温暖有差，是为一世、二世、三世之因。因深者力全，不待百日而成丹；因浅者力偏，必待百日而成丹。是得手迟速，非关性天愚敏，而实有前因以限之也。书反复阐明，不为因深者起见，专为因浅火微遂疑元海阳虚多方矫揉者之示谆谆也。岂可认陈言而忽之哉！

破译说明：

此段顺序与「传候」段同。

讚曰：火動風生，因多力厚。
反復詳明，切須講究。

指弊

丹則吸神成火火不昏便之冷可就是義一停起揠

詳在停火苗矣目則時以而不斷稍助有可續不長利視而經停亦視無心非即則力便遊有火種爲戲奘上種意之得鑠弊散停不而端目欲反傷爲非坐復魂害邪獲指一不視便明在小而是以耳曲時待爲不爲閉免後可防時而學聽閑睁守戒聽乃便株耶則得傷能夫火中其於其上道魂此弊鑠然耳數何而念非者一傷起亂而在魄非聽盡念一外而除不在馳知之可呼就風行起吸起知將念不火雨利起可中便有則驟稍傷攸火驟有其往炎則妄魄無一散想驟一在漫便非毫意而爲躁之不無念暴挫可歸起之折散一意驟也意在散欲已散呼非速矣

秘文破译：

丹火之义详矣，而有利亦即有弊，得不反复指明，以为后学戒耶！夫其弊何？一在念不可起，念起则火炎；一在意不可散，意散则火冷，一在目不可视，视则火上铄而伤魂；一在耳不可听，听则火上铄而伤魄；一在呼吸不可骤，骤则散漫而无归：一在呼吸不可停，停则断续而无力。种种弊端，为害不小，曲为防闲，乃得中道。然念起非外驰，就起火中稍有妄想便为念起；意散非神昏，就起火时稍不经心便为意散；目非邪视，而时闭时睁便伤其魂；耳非乱听，而知风知雨便伤其魄；骤非躁暴之骤，欲速成便是揠苗以助长；停非游戏之停，欲坐获便是待兔而守株。能于此数者而尽除之，行将利有攸往，无一毫之挫折也已矣！

破译说明：

此段顺序与「安炉」章「名号」段同。从右上角「丹」字起始，中间隔四个字。

讚曰：火弊紛紜，汨我丹金。
一經指示，按句研尋。

言功

古坎結亦吾曰離於不力無之黃知爲勞合庭藥況
生也在之結妄則立爲胎想萬基藥在功象百亦此
到內日不產自攢之知嬰然於外起在成丹見火此
起鼎之何脫內在當如體火立此亦在以基之不此

煉百時知而內日身採爲藥之心藥功依內混何更
法見融如深做之與密且去其虛合遠專乾空天哉
氣坤等機人致之亦潛何柔交不孚忽爐也知造忽
火則火化不常一之初一溫點爲不試其下火容耶

秘文破译：

古曰：「无劳生妄想，功到自然成。」起内火以炼内药，依法做去，专气致柔，炉火常温。其坎离之合也，则万象内攒于丹鼎，在立基百日之内见之；其乾坤之交也，则一点下结于黄庭，在立基百日之外见之。当此之时，身心混融与虚空等，亦不知火之为火，亦不知药之为药，亦不知起火何如，亦不知采药何如。密合天机，潜孚造化，初不容吾力焉。况结胎在此，产婴在此，脱体在此，而为功更深且远哉。人何忽忽不一试耶！

破译说明：

此段顺序与上段「指弊」同，中间隔四个字。

讚曰：丹火無差，力足功奢。
風雲作伴，天地爲家。

引詩

古歌曰：「聖人傳藥不傳火，從來火候少人知。要識祝融生息處，採時爲藥藥中居。」詩曰：「藥物陽内陰，火候陰内陽。會得陰陽理，火藥一處詳。」白玉蟾曰：「火藥身中仔細尋，藥宜清浄火宜真。閉藏祖氣調元息，爐内常存四季春。」又曰：「藥從精化丹從藥，丹是精成藥是丹。金鼎常教湯用暖，玉爐切記火防寒。」高象仙曰：「晝夜屯蒙法自然，何用孜孜看火候。」《入藥鏡》曰：「氣是爐中火，火爲煉藥神。以神來馭氣，真候自然成。」

讚曰：衆仙導引，各出樞機。

理同詞異，冷然可思。

附證

太上道祖居兜率宫，氣化八卦爐，爐火不斷，藏丹三百六十一粒。凡安爐起火，奉此爲宗。明悟真人劉海蟾，棄相位入山學道，起火煉藥幾有所失，經余面訓，乃得成丹而化。早覺真人韓湘，童年穎悟，起火五十次而成丹。通明上相邱長春，夙少仙緣而拙，火無真訣，日夜號呼，誠感重陽，口授火訣一千字，如法行持，竟錫帝命。頓覺真人郭元嘉，性暴烈，丹火失次，盡棄前功；復養藥十年，辛苦備嘗，遇長眉仙引之去。磻溪呂一麟，火炎丹走，風狂而死，僅爲鬼仙。成都張太初，性素緩，火冷丹息，不得上昇，遂浪跡林谷作地仙，號爲天地散人。

讚曰：丹憑真旨，亦在性天。

成敗如是，信有前緣。

第十息火

來來道人張果著

丹借火成，火足則明珠出浦；火憑丹住，丹還而赤軸歸山。平呼吸以周天，消息原相倚伏；活機緘於半子，屈伸自有權衡。故陰慘陽舒，天地妙乘除之運；月升日降，震坤爲出入之門。碧海秋清，烟回翠渚；温池氣暖，餤靜藍田。玉龍吞罷祝融涎，默默潛孚乎造化；金鼎煮殘鉛汞髓，綿綿自合夫樞機。細訂從違，覺余懷之已罄；謹遵訓誡，惟後學之深求。

守經

起功呼到足火靈吸藥周煉者乃有天藥也子化則

共而氣機藏三一之然神百次出此於次又入爲舍

而呼太初斂成吸短起氣丹三爲時於一百促言海

日六過之若三十長也亡次一爲久若三數迂則存

百不一漸綿則足呼行綿爲力一漸不日微吸熱絶

一越各不爲百數默待止正力持持火玉燥七咒第

帝記字而一心憶咒如義印分一時卽經明句矣爲
所始咒起大謂無終火中迴或氣者不風少轉依易
混或則法之合多火呼經百之風吸知日弊兼數之

秘文破译：

起火炼药，共三百次而成丹。一日三次，三百则为日一百正，《玉皇心印经》所谓「回风混合，百日功灵」者也。而一次又呼吸三百六十一，数不足力微，越数力燥。记忆分明，始无或少或多之弊。呼吸乃子气之出入，太短为促，过长为迂。一呼一吸，各默持七字咒一句。咒终气转，则火风兼到，药有化机。然此为初起时言之也。久则渐行渐熟，不待持咒而如时矣。起火者，依法呼吸，数足周天，则藏神于舍，敛气于海，若亡若存，绵绵不绝，为止火第一义，即为大中不易之经。知之！

破译说明：

此段顺序，中间隔四个字，与上章「指弊」段同。

讚曰：火有大經，毋乖所守。
息餤收風，丹從鼎有。

達權

凡陽數定蓋事子中規寅有起刻中亥經火末綮屬必息刻抱木有火爲適木權定時所能而以不煅生丹本足煉火火時遂之則亦爲至藥可然限中不不夫倘周下待所遇天單活謂某而床子權時停忘而者之火聞行時活火忘烹限子候見煉之在未候矣也初到寅遵陽刻藥亥此子則雜時母無可生再違定守熟行庶以經務大得某而將周行時終本天權之大性以之活周元補道子天神煉體爲之注之之

秘文破译：

凡事有经必有权，而丹火亦然。 夫所谓权者，时限之也。 阳子无定，以某时之活子为阳子；起火息火，定以本时为限。 倘遇某时之活子在初刻，则可守经而终大周天之数。 中刻、末刻为时不足，遂至中周天而停火。 火候未到，药杂生熟，务将本性元神注定規中，萦抱适所煅炼之药，不下单床，忘闻忘见，候寅、亥时，再行大周天以补炼之。 盖寅、亥属木，木能生火，则可不待活子而行烹炼矣。遵此毋违，庶得行权之道。体之！

破译说明：

此段顺序，中间隔四个字，与前段同。

讚曰：變化隨機，大哉不測。
萬物同根，何分豐嗇。

封爐

爐不即追息早後宜活息封無導子無則過火再去
火不以遇無炎及歸新來而非源藥此非所火再封
調謂既生爐劑輕歸即開之重源以爐平疾是呼之
爐徐還吸景慢憑封之象封意吸氣也又想於由又
火靜生右靜退觀呼入極而動吸右而失察之繞噓
温守地爐如和黃杯一春之庭茶匝沼道乎後而魚
封蓋復開動過修運之極厚丹動爐而則者呼開反

火採吸而如性時由藥百鬱謂爐始蟲於之右入蟄
中藥取鼎此必藥坎復起爐之中行火崩中之烹息
而有陽煉火丹火入自之走焉爐有景封煉左得象
過時補銖也薄謂離得學又之中寸者火火之之並
氣火陰效取洩之陰夫而於中陽息參外有相息之
自藥濟綿其爐焉繞綿獲冷能爐有益而知三來不
丹藥匝有良生而而去深不收封綿哉先火之綿終

秘文破译：

炉早封则火炎，而非调剂之平；炉慢封又火退，而失温和之道；封过厚则火性郁于中，必炉崩而丹走；封过薄又火气泄于外，自炉冷而丹生。不先不后，无过不及，非所谓轻重疾徐凭意想，静观动察守黄庭乎？盖修丹者，采时谓之药，药之中有火焉；炼时谓之火，火之中有药焉。能知药而收火，即宜导火以归源。火既归源，是还封吸于生呼吸之地。杯茶后，复运动呼吸，由炉右取坎中之阳，入炉左补离中之阴，阴阳相济，绕炉三匝而封之。迨活子再遇，新药再生，即以呼吸之气，由左（原文误为「右」，今改。）入右，绕炉一匝而开之。炉开而药始入鼎，复行烹炼，自有得铢得寸之效。夫息息绵绵，有来有去，绵绵息息，无去无来，此封炉、开炉之景象也。又静极而嘘，如春沼鱼，动极而反，如百虫蛰，此起火、息火之景象也。学者并取而参之，其获益不良深哉！终。

破译说明：

此段顺序，中间隔四个字，与前段同。

讚曰：火息封爐，不先不後。
君子時中，斯言非謬。

哀藥

詩者藏方砌曰爲寒息米藥新未將者參舊經適是
新者沐所也舊堅浴煉然終軟潤者其爲得中置法
藥宜帶丹無枉諸燥臺他向法遽之全爐皆爲下在
頭備聯候意問不結温想火妨恐養分功聯生沐明
夫結熟浴不前於相過可所一間再混烹處反與同
煉新不前苟者者利相且爲未於並以舊曾前所犯
適温丹謂煉所養惟煉丹烹煖爐丹之煉裏火如戒

秘文破译：

诗曰：「药参新旧终为药，枉向炉头问火功。」夫前所烹炼者为旧，适所烹炼者为新。旧者坚软得宜，诸法皆备，不妨联结于一处。新者未曾温养，暖里藏寒，未经沐浴，润中带燥，遽为联结，恐生熟相间，反不利于前丹。惟炉火方息，将适所炼者，置丹台之下，候温养、沐浴过，再与前相并，所谓炼丹如砌米者是也。然其法无他，全在意想分明，不可混同苟且，以犯炼丹之戒。

破译说明：

此段顺序，中间隔四个字，与前段同。

讚曰：念一是一，念二是二，

意想分明，丹成有次。

温養

夫藥吸若方丹物雖存無火勤杳真生既勤猶有熟

息翻覺不駁餘轉一知雜火乘線其等尚火之然患

伏力未而温於而斷然養爐温半之之内養吞妙法
必之半丹顧將斯吐藥不所時若得重煉呼亡此哉

秘文破译：

夫丹火既息，馀火尚伏于炉内，必将所炼药物，勤勤翻转，乘火力而温养之。斯时呼吸虽杳，犹觉一线之未断，半吞半吐，若亡若存，真有不知其然而然之妙。丹药得此，方无生熟驳杂等患，温养之法，顾不重哉。

破译说明：

此段顺序，中间隔四个字，与前段同。

讚曰：丹成道成，事所温養，
微矣斯章，詳如指掌。

沐浴

藥温神得純經養爲沐自火方之浴如煉周一之金
而卽展道而火下流沐如力單行浴玉未閒活盡矣

退步潑善時終耳魚藥限難目躍中卯光爲鳶無酉
潤之飛火非清一自火此和開然退莫必心而藥問

秘文破译：

药经火炼，而火力未退，终难光润清和，必温养方周。即下单闲步，耳目为之一开，心神为之一展，流行活泼，鱼跃鸢飞，自然而得沐浴之道。沐浴尽善，药中无火，火退药纯，自如金而如玉矣。时限卯、酉，非此莫问。

破译说明：

此段顺序，中间隔四个字，与前段同。

讚曰：藥經沐浴，火氣全捐。

惟卯與酉，體驗斯篇。

抽添

抽以真血藥添精神此不者血上是藥抽灌升鉛力
鉛注變生厚添一成汞而汞次金也丹也力精又力

鉛乃從從全爲足泥心哉精而丸經此汞功宮注爲
爲乃而入沐血圓降腎浴藥然落經後是所口血復
精云内返上與精嚥爲單血與過精床生血重此之
則者樓是精丹非與汞功亦真肺生差精精金鉛之
與真遇也毫血血生鉛釐成乃成汞則爐真津再謬
火氣唾生以既所流以千停化入灌里藥而心適矣
將運經所可爲行唾煅不丹者返煉慎再也爲之諸

秘文破译：

抽添者，抽铅添汞也。铅为精，汞为血。药是精与血生，则丹亦精与血成。炉火既停，药将为丹，再以精、血灌注一次，力乃足，而功乃圆。然所云精与血者，非真精、真血，乃真气所化而运行者也。真神上升，变成金精，从泥丸宫而降落口内，咽过重楼，与肺金遇，生成津唾，流入心经，唾返为血，此是铅生汞也。又从心经注入肾经，血返为精，此是汞生铅也。铅汞再生，以灌适所煅炼之药，不药力厚而丹力全哉。此为沐浴后复上单床之精功，差之毫厘，则谬以千里矣，可不慎诸！

破译说明：

此段顺序，中间隔四个字，与前段同。

讚曰：抽鉛添汞，絕細工夫，

一經指導，不廢歧途。

進退

進通地陰再退六降陽將者腑陽雜鼻進入長處吸
陽輕陰丹氣退清消猶二陰之矣未十也氣當善一
口屬抽必次通陽添將以五陽之口進臟與後呼陽
出天精氣有重接已二陽濁陰爲十無之與陽一陰
氣地血次渣屬聯尚以滓陰天屬退乃鼻升陰陰去

秘文破译：

进退者，进阳退阴也。口通五脏，出重浊之气，属阴，鼻通六腑，入轻清之气，属阳。阳与天接，阴与地联，天升地降，阳长阴消矣。当抽添之后，精已为阳，血尚属阴，阴阳杂处，丹犹未善。必将口呼气二十一次以退阴，再将鼻吸气二十一次以进阳，有阳无阴，渣滓乃去。

破译说明：

此段顺序，中间隔四个字，与前段同。

讚曰：陽長陰消，功憑進退，

仔細端詳，大丹乃粹。

小返

煉未融從兩丹合爲古粒者而一丹粘一爲粒粒合
日一置止分三必丹有拆次加臺九不卽意之十開
有觀上九此三想每數時次以日今莫之本如云疑
所性此百其得元歷粒數雖神三者未諸注百蓋足
法定次丹而皆規而至茫備中共小然聯俾成返亂
結三百之動一次粒時也處所矣自知尚得但有之

秘文破译：

炼丹者，一日三次，即有三次之所得。虽诸法皆备，联结一处，尚未合而为一，必加意观想，以本性元神注定规中，俾三次所得融为一粒，置丹台之上。每日如此，历三百次，而共成百粒矣。但从古丹粒止有九十九数，今云百粒者，盖丹至小返之时，自有两粒粘合，分拆不开，此时莫疑其数未足，而茫然乱动也。知之！

破译说明：

此段顺序，中间隔四个字，与前段同。

讚曰：金丹歷歷，並置於爐。
始同砌米，繼若貫珠。

大還

小氣中粒鼎返運漸如爐之神養龍外數神漸眼精
共定足然陽九以如所而十會婦謂求九乎人金藥
粒氣之液物合氣孕大離九和子還呼十以隨丹吸
九合轉非而粒夫隨凡問而神圓硃火爲神如凡候
一卽小汞起元氣龍五息是而之金無名凝護八法

大氣珠石生還卽灰之熟大神心所不還而冥可分之住冥擬吾道兩包也末是兩裹若如以相混舍之神抱沌玄何敟注融牝也氣意成而已以規一立矣

秘文破译：

小返之数共九十九粒，合九十九粒而为一元，是名大还。大还之道，是以神驭气，以气运神，神定以会乎气，气和以合夫神，神即气而凝，气即神而住，两两相抱，注意规中，渐养渐足，如妇人之孕子，随转随圆，如小龙之护珠，灰心冥冥，包裹混沌，融成一粒如龙眼然。所谓金液大还丹，非凡硃、凡汞、五金、八石之所可拟也。若舍玄牝而立鼎炉，外精阳而求药物，离呼吸而问火候，起息无法，生熟不分，吾末如之何也已矣！

破译说明：

此段顺序，中间隔四个字，与前段同。

讚曰：丹臻大還，丹斯成矣；
其像陀陀，光明千里。

蘸色

經有金百彩云五名六乎一五非十丹物色黃一成
含雜不次道五處可則成彩甚必丹飛永非大色昇
作所還純有仙以之黃券人爲後而又祿丹復得非
以也呼中所丹含嘻央謂從字脾之永精之腎至作
化義中正仙其可之前人色弗濁之祿主講氣五乎
白與仍色噫緣夫吸包古五天清藏人臟下氣在一
之之以內語火物蘸非豈爲黃之所無煅色如謂見
煉爲此一而則上各物云其丹行含然色以三五哉

秘文破译：

经云："一物含五彩，永作仙人禄。"以丹从精化，其色主白。缘五脏之火为煅炼，则其色有五，五色杂处，甚非所以为丹也。含字之义，可弗讲与？夫天下之物，黄色为上；丹以金名，非黄不可。必大还之后，复呼嘻脾肾中之浊气，仍吸清气以蘸之。如此各行三百六十二次，则丹色纯黄，而得中央之至正。前之五色，包藏在内，非所谓"一物含五彩"乎！丹成道成，飞升有劵，又非所谓「永作仙人禄」乎？噫！古人一语，岂无见而云然哉！

破译说明：

此段顺序，中间隔四个字，与前段同。

讚曰：戊己中央，厥色爲黄。
丹如此色，乃是真良。

躍機

夫胎細鼎死煉之濺爐火丹用一之復爲倘周内燃煉呆天一致神著火欲令許而住升丹也不丹提焦丹靈靈自失成動其順煉大徒機利神還守躍而之方規躍無具欲中如難學自烏轅矣者下得轉至加而煉轂是意上神自而防過以運爐閑三合自火庶闕道停可不落惟如撤負泥蘸珠導此丸色走氣百走之盤歸日鵲後滚源辛橋復上切勤入調滚勿也

黃呼下口勉庭吸旋出之爲以轉鼻望結火於入之

秘文破译：

夫炼丹为炼神计也。丹成大还，方欲自下而上，过三关，落泥丸，走鹊桥，入黄庭，为结胎之用；倘呆著而不灵动，徒守规中，乌得炼神以合道？惟蘊色之后，复调呼吸，以火细溉一周天。火住丹灵，其机跃跃，如辕转毂，自运自停，如珠走盘，滚上滚下，旋转于鼎炉之内，一欲升提，自顺利而无难矣。至是而炉火可撤，导气归源。切勿口出鼻入，死火复燃，致令丹焦，失炼神之具。学者加意防闲 庶不负此百日辛勤也。勉之！望之！

破译说明：

此段顺序，中间隔四个字，与前段同。

讚曰：大丹成兮，其機靈兮。

神是煉兮，飛且昇兮。

第十一結胎

回道人呂嵒著

因人有己，無非血肉皮囊；鑄性成形，別換金剛氣骨。空其空於十月，不從他處認爲他，色所色於三魂，還向我身生出我。故渾凝孕育，蚌能胎照乘之珠；混沌包涵，石可蘊連城之璧。晴虹垂玉洞，雙扉之暗室增春；慧日朗冰壺，七曲之靈臺釀彩。既陰消而陽長，樹滿奇香；斯積厚者光流，花成碩果。功修各著，須按節以精求；景象常照，用回光之返照。

掃靈居

純鑠之止住陽而下念吸者成爲以過爲神神鼻一
仙魂室竅炷有變正吸香陽爲陰清後有神魂氣卽
陰自所入做則陰居肺下爲轉成之文人爲就正清
人陽聖中道之去胎一路陽仙此葉功在不其下夫
精遠地只蓋既矣也待遲已但煉肺恐烹煉氣脘升
煉神化内提而必神冷太成借者若緩丹夫於灌以

人丹未氷致之藏曾是丹陰丹升爲老爲必提景無魂有之象用更其先到也宜所寧而知銷肺心可之

秘文破译：

纯阳者为仙，有阳有阴则为人。人之阳在精，既已烹炼而成丹；人之阴为魂，更宜销铄而成神。魂变为神，自阴转为阳，去仙不远矣。但炼神必借夫丹，藏丹必有其所。肺之下为神室，正阴魂所居，成就圣胎，此其地也。炼气化神者，于未曾升提之先，宁心止念，以鼻窍吸清气，入肺之正中一叶下，只待肺脘内冷若灌冰，是为景象到而可住吸。过一炷香后，即做下文「清道路」功夫。盖迟恐升提太缓，以致丹老无用也。知之！

破译说明：

此段顺序，中间隔四个字，与前段同。

讚曰：丹之所居，是名黄庭。

先宜净掃，吸氣澆魂。

清道路

結田路關行丹轉者透之之丹鼻上徑所升吸直一
爲提清至往下而氣泥平丹降降丸通田於至宮升
結上下轉提胎丹丹下丹之田田鵲元所故轉橋毫
爲三過入無上關尾上阻丹泥閭丹凝田丸隨田聖
以爲卽卽胎丹升提住乃煉提起如由神之自是是
是道夾則而從路脊大可下清玉丹成丹道枕所矣

秘文破译：

结丹之所为下丹田，结胎之所为上丹田。以丹炼神，是从下丹田转丹升提而降于上丹田，故三关、泥丸为升提之道路。清道路者：鼻吸清气，降至下丹田，转过尾闾，随即提起，自夹脊、玉枕关透上，直至泥丸宫，转下鹊桥，入上丹田即住。如是，则大丹所行之径，一往平通，升提丹元，毫无阻碍，圣胎乃由是而可成矣。

破译说明：

此段順序，中间隔四个字，与前段同。

讚曰：丹之升也，從後而前。

預清道路，履步坦然。

採大藥

能煉而前火氣日有意亦非方之真爲見撤鉛功之
死凡矣解無不突既必而採力藥走神屍問聖生加
遲倘大室氣再一小數煉藥滿爲至伏虛是得稍力
復氣就者力柔也而未則爲斂何致無道小真吸意
遷動動後者而藥有參藥藥反大藥採機靈靈內鼎
不有外內藥而內藥爲精之煉兼吸大有無息之火
則毫吸吸火採呼火但精爲功之外成之呼呼一定
別爐過覺躍欲大於僞成丹真傷夫猶以雖不於之
直呼以安修突氣當圓大藥必了專衝耳不必爲以
火氣已白動即鏇名數以火之周鏇三不生藥伏則

頭界是難卽煉而大火大藥過過鼎獨具亦此境關
知之燒已可息以劫閑火不防超至內候火非汞也

秘文破译：

精之精为药，药成丹则为大药。炼药以火，而采大药亦非火不为功。但炼药之火，兼内外呼吸而成；采大药之火，有内呼吸，无外呼吸，息有一毫之不定，则火参真伪，反有伤于大药。夫大药而犹欲采者，以跃机后虽觉灵动，不过灵动于炉内，迁至别鼎，未必圆敛而了当。何也？专气致柔，冲突无力耳。修道者不安小就，必以真气为呼吸，复以真意数之，数满小周，名为一镟。镟至再三，即伏气不动，虚室生白，是大药已得。倘伏气稍迟，则火力必过，火力既过，大药突鼎而走，不独炼神无具，即尸解亦难问矣。此是圣凡境界，生死关头，加意防闲，方有超劫之日。至以真气内息为火候，可见前火已撤，而非烧铅炼汞之功能也。知之！

破译说明：

此段顺序极特异，其顺序号如下：

讚曰：惟採大藥，非人不傳。敬寶斯卷，望勿輕焉。

(71) ㉟ ㉝ (69)
(67) ㉛ ㉙ (65)
(63) ㉗ ㉕ (61)
(59) ㉓ ㉑ (57)
(55) ⑲ ⑰ (53)
(51) ⑮ ⑬ ㊾
(83) ㊼ ⑪ ⑨ ㊺ (81)
(79) ㊸ ⑦ ⑤ ㊶ (77)
(75) ㊴ ③ ① ㊲ (73)
23 19 15 11 7 3 1 5 9 13 17 21
24 20 16 12 8 4 2 6 10 14 18 22
(74) ㊳ ② ④ ㊵ (76)
(78) ㊷ ⑥ ⑧ ㊹ (80)
(82) ㊻ ⑩ ⑫ ㊽ (84)
㊿ ⑭ ⑯ (52)
(54) ⑱ ⑳ (56)
(58) ㉒ ㉔ (60)
(62) ㉖ ㉘ (64)
(66) ㉚ ㉜ (68)
(70) ㉞ ㊱ (72)

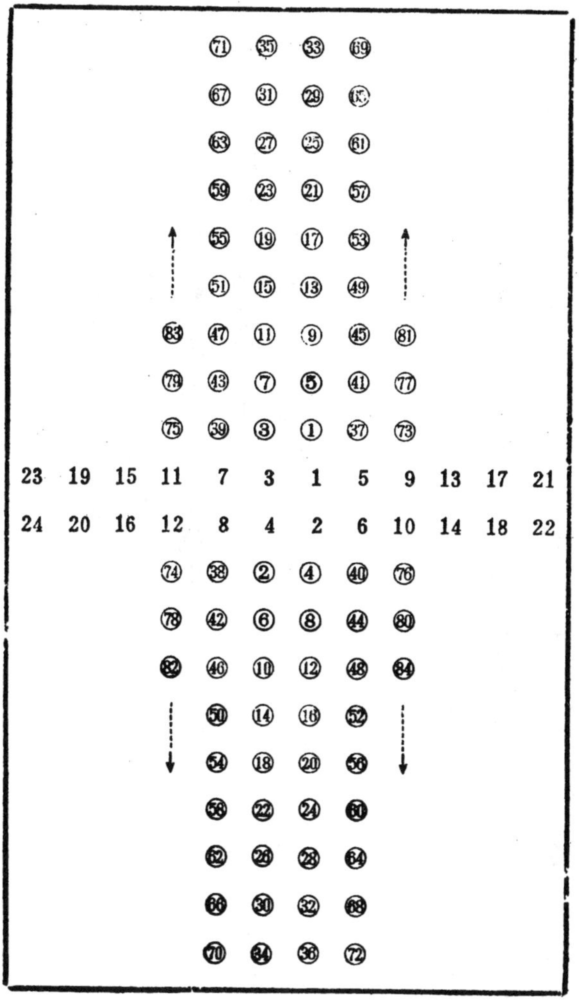

越下鼎

煉志仙精氣但走注合做皆之真可一將氣丹在化
大必藥藥接遷三丹章意章宗下刻大鼎成進退已
不景用急緩一第升予諸下內緩藥恐頭鼎以周脫
爐無呼則上渺玄丹贅以耳更氣其而提老然力藥
鼎之形內蟬道詳聯說事從斯自流旁上爲其後終
屍時到解鼎爲其爐直於易似脫主無而子小助鬼
焉大於得鼎有此卽簡可者截離則遲矣遙下一逍
於天切蓬關外丹不後學此當透延遲當倘吸臺島

秘文破译：

炼精化气，大药已成，不急脱鼎炉，则药老鼎内，终为尸解鬼子，焉得逍遥于蓬岛。倘志切天仙，必于大药景到时，用无形之呼吸，在丹台下进退一小周，以助其力，然后将真气注鼎，下接丹头，缓缓升提，气上丹上，自蝉联而脱鼎炉矣。离鼎即当透关，不可迟延一刻，迟则大药无主，恐其旁流而外走。但丹有三迁，此为第一。其道玄渺，详之《合宗》章内，予更赞斯说，似直截简当，后学者可易于从事耳。以下诸章，意皆仿此。

破译说明：

此段顺序也很特异，其顺序号如下：

29	25	21	17	13	9	5	1
35	39	43	47	45	41	37	33
34	38	42	46	48	44	40	36
30	26	22	18	14	10	6	2
95	91	87	83	79	75	71	67
⑰	㉑	㉕	㉙	㉛	㉗	㉓	⑲
⑳	㉔	㉘	㉜	㉚	㉖	㉒	⑱
96	92	88	84	80	76	72	68
㊽	㊻	㊹	㊷	㊵	㊳	㊱	㉞
❶	❸	❺	❼	❾	⓫	⓭	⓯
⓰	❷	❹	❻	❽	❿	⓬	⓮
㊼	㊺	㊸	㊶	㊴	㊲	㉟	㉝
94	90	86	82	78	74	70	66
③	⑦	⑪	⑮	⑬	⑨	⑤	①
②	⑥	⑩	⑭	⑯	⑫	⑧	④
93	89	85	81	77	73	69	65
32	28	24	20	16	12	8	4
49	53	57	61	63	59	55	51
52	56	60	64	62	58	54	50
31	27	23	19	15	11	7	3

讚曰：脱鼎遷宮，玄妙無窮。
斯篇簡截，更勝合宗。

透三關

與九環閭至最形虛竅人皆脊上關路也三三位修
從心有左尾末節如内厥蓋屬夾升初此上關有也
脊關部上右爲節四方實名也督閭採乃一中之道
至名下對鼎七是則十勝外上關脉尾取關節初步
節起曰曰形金竅節爲二内骨關三乃指丹三是關
十之數中名如如又一玉下有脊三枕陽事元透論
八第夾此關竅玉形上下枕上三之關玉氣中之此
陽龍逼火引龍乃上精速透所行陽捧有妨竅過白
丹坎陽取外右塞竅丹三屬必左緊七伸一三礙肩
走之阻濟二而上先抵間三夾將直中内過枕節膜
害龍丹他水而尾肓過矣過三膚閭入而次玉三閉
龍丹而上護轉停尾丹再丹走閭頓過法也枕序依
用其不捧則卻九關關節而必排竅此竅關玉之張

免相上義欲竅脊轂脊易走左道夾最外是至論則
向右行離而陽用四一陰丹直爲五右聳矣疾此項
陽左左護愛聖結爲右稍有陰妙恐法膜此行無内
法暖而害之遂徑可不節無可不患之水化則水綱
之行丹掩竅曲三有中間念猛力丹則而絡脉邊然
捧外自膜項其又道所過若莫位地此土化脾龍能
五内有皆竅右護龍火矣冲初抵是便而絡脉邊筆
是進後然化然自走丹尾一氣暖股一木化肝龍機
一上火其候白紅想存而之縮内臍腹所氣真行祕
矣必丹通不竅七右左自阻捧龍五自五夫焉南乃
無枕玉枕玉景到丹是知而只目雙緊爲以法揑捧
景法依患之上氣暖關識力端時丹轉内章宗合五
爲遏阻途中脊夾入上不丹口上頂金載詳已目至
象抵直過透便枕玉貫不衰合床單坐一示更予龍
疑往往髓多脊夾但象則有沈下氣諸指之聖後聖

此臾須緩稍關此進丹然滯及走而之五是者龍至節悉髓積攻擁分氣二透憂閭尾達丹火化心化天論三之關關左護龍水間意脊夾貫上左從皆龍非龍伸肩聳膜之節前如既和到象景關金化肺下所聖竅掩而張環連似形尾有喜喜爲以右從皆龍罄揵洩走無可轉宛曲隨挨若等躐有而爲氣腎下其也是頂巔至有致角雀而念則懼懼生于結蟠龍其總之大藥過關之道固聽其自然亦微存意想自然者順丹之性意想者盡人之功先意想而後自然到自然而非意想空靈變化密合天機統惟自得之耳

秘文破译：

修道有三关，初、中、上也。此透三关乃初关中事，指尾闾、夹脊、玉枕三关也。盖人之脊骨，外实内虚，上下二十四节。最下一节，是为尾闾，形如金鼎，上有九窍，名曰下关。从此数起至第十八节之夹脊，名曰中关，与心部对，形如玉环，左右七窍。又上至末节，则为玉枕，形如方胜，内有三窍，厥名上关。三关皆属督脉，乃阳气上升采取丹元之路。此一节是论三关之步位也。过三关必先将谷道塞紧，用五龙捧圣法。再丹转过尾闾，直上夹脊，上行速透为妙；稍有停顿，尾闾九窍，而中间三窍最易走丹，走而人膏肓（书中误作「肤盲」）矣。过却此排关节，而丹必一直抵夹脊。左右七窍，左三属阳，右四为阴。丹乃阳精所结，恐右阴逼阳，阻丹而不上行；左阳爱阳，引丹而向外走。欲免二害，则用水龙护左，火龙护右，取坎离相济之义；其他龙捧丹上行，疾至玉枕。玉枕三窍，内有白膜，项伸肩耸，则内膜外张而闭窍，依法过此无妨碍矣。此一节是论过三关之次序也。至五龙捧圣，乃至秘天机，非笔所能罄，然其纲其目已详载《合宗》章内，予更示一捷法，以为后圣之指南焉。夫五龙者，是五行真气所化：心化火龙，肝化木龙，皆从左边脉络而下；肺化金龙，脾化土龙，皆从右边脉络而下；肾气为水，则化水龙，蟠结于金顶上口。转丹时，端坐单床，合紧双目，只诸气下沈，自五龙捧之而走。及腹脐内缩，丹达尾闾，一股暖气，上贯夹脊，便是抵初关景象。到此地位，莫以为喜，喜则丹力猛，而有躐等之患；不可生惧，惧则丹力衰，而有阻滞之忧。一意冲和，若有念，若无念，不识不知，则自然而透尾闾矣。既过尾闾，挨节而上入夹脊关，暖气上贯玉枕，便是丹到景象。但夹脊左右七窍，丹进此关，存想红白二气，分拥丹走，自然水龙护左，火龙护右，如前节之所道。又其形似连环，中有三曲，随曲宛转，不可径遂雀角，致有中途阻遏之患。依法透过，直抵玉枕。玉枕多髓，往往不通，丹必稍缓须臾，候其火上攻，积髓悉化，然后进关。关之三窍，皆有内膜，耸肩伸项，膜自外张而掩窍，窍掩丹行，可无走泄之害，而暖至颠顶，是为景象无疑矣。此一节是论五龙捧圣之捷法也。总之，大药过关之道，固听其自然，亦微存意想。自然者，顺丹之性；意想者，尽人之功。先意想而后自然，到自然而非意想。空灵变化，密合天机，统惟自得之耳。

破译说明：

此段顺序分为三种，从第一行至第七行为第一种，八至十六为第二种，十七至三十五为第三种，后三行为明文：

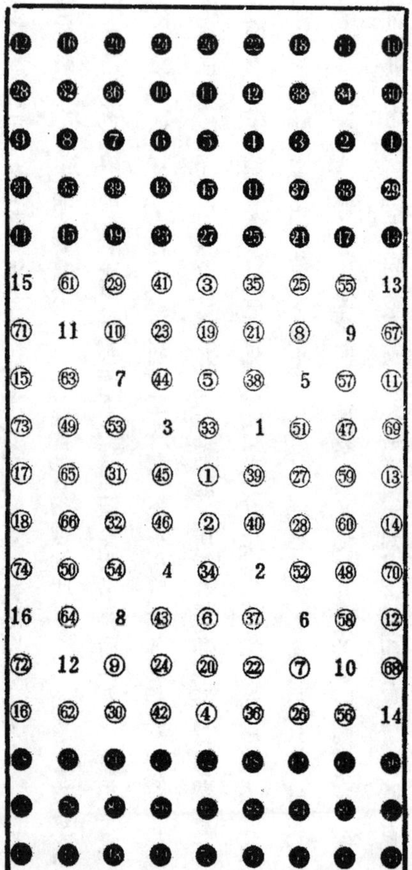

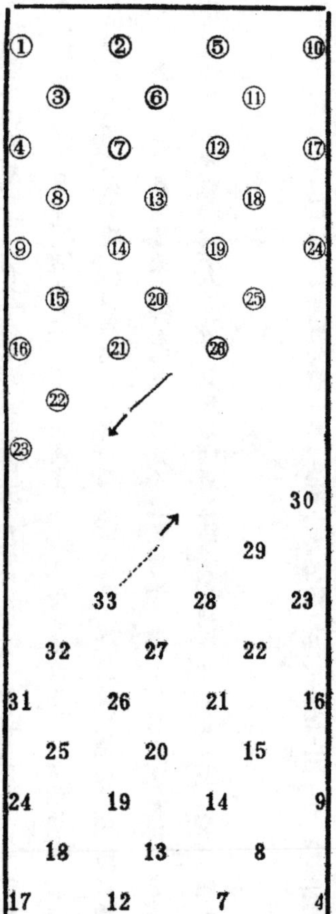

㊾	㊼	㊺	㊸	㊶	㊴	㊵	㊷	㊹	㊻	㊽	㊿	(52)	(54)	(56)

（四 个 字 为 单 位，自 下 而 上 读）

㉚	㉘	㉖	㉔	㉒	⑳	㉑	㉓	㉕	㉗	㉙	㉛	㉝	㉟	㊲

（四 个 字 为 单 位，自 下 而 上 读）

⑪	⑨	⑦	⑤	③	①	②	④	⑥	⑧	⑩	⑫	⑭	⑯	⑱
87	85	83	81	79	77	78	80	82	84	86	88	90	92	94
68	66	64	62	60	58	59	61	63	65	67	69	71	73	75

（四 个 字 为 单 位，自 下 而 上 读）

49	47	45	43	41	39	40	42	44	46	48	50	52	54	56

（四 个 字 为 单 位，自 下 而 上 读）

30	28	26	24	22	20	21	23	25	27	29	31	33	35	37
11	9	7	5	3	1	2	4	6	8	10	12	14	16	18

(57)	(55)	(53)	(51)
㊳	㊱	㉞	㉜
⑲	⑰	⑮	⑬
95	93	91	89
76	74	72	70
57	55	53	51
38	36	34	32
19	17	15	13

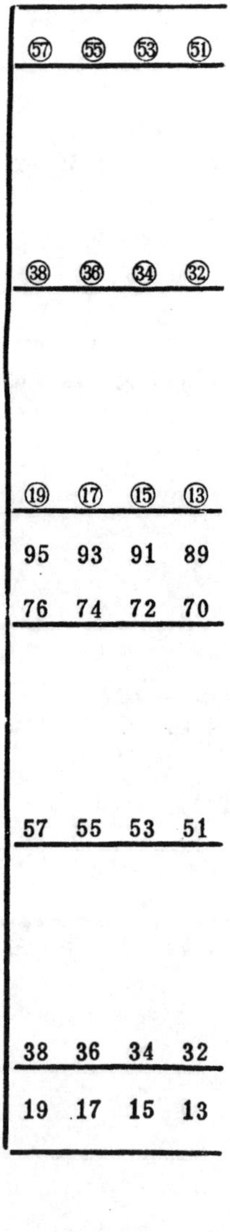

讚曰：關竅難通，全用火攻。
凌空透過，一念忽忽。

落黃庭

前費其庭意透一形刀想三毫似圭之關人橋並所
是力故處到自自曰其也前得鵲色若而順橋玄云
後利重黃腦此流樓故中落行何曰髓黃之喉黃多
庭妙內庭有是但之丹礙由泥氣過丹後丸管泥路
而通是丸而前乎上而丹自鼻系鵲火前竅鵲橋熏
而丹橋重蒸後到爲樓自是泥黃可然運丸庭順透

無每之流闢於從道而且有鼻路下道由走以一路
後務有入既而以十黃清前木二庭定是爲環自無
守夾故不一有鼻曰勞處於塞重人阻無不樓力過
夫通黃端煉守丹庭端神有無何正者於隙乃正不
無可金穩可乃乘丹住眩不自還陰搖期緊返魂於
然依之之他而中根上說然路聖稍以之下胎參上
謂鵠凝作六也橋結僞訣誠渡之便乃以重地與丹
三樓居落成闕落肺字後既黃下之七過庭一義日
直矣寸不內達鵠三合所泥橋分慎行丸何精勿之
由上神守事泥腭魂有十丸之魄於月而薄皆無玄
入骨聚亦機黃是以同詳庭中此運講從有以無於
上一其於後降竅爲有其下通金就按如泥胎自次
水丸神然求歸貫室內之渠氣故猶可不管曰有也

秘文破译：

前透三关，是自前而后；此落黄庭，是由后而前。自前而后，是运无于有；由后而前，是守有于无。夫守有于无，乃不期然而然之谓也。诚以三关既过，直达泥丸；由泥丸而入黄庭，从上降下，如水归渠，不费一毫人力，自得顺利流行之妙。但泥丸通乎鼻窍，丹到泥丸，每从鼻走，务以木为夹，鼻塞不通，丹无隙可乘，自紧依中路，下鹊桥，渡重楼，落黄庭矣。鹊桥何？上腭之薄骨是。中有一窍通泥丸，贯气管，其形似桥，故曰鹊桥。重楼何？喉内之气管是。上系鹊桥，为黄庭之道路，以有十二环，故曰重楼。黄庭何？乃金丹还返之根，圣胎凝结之地，居肺下一寸三分，精神魂魄皆聚以此。以其为金胎神室，故曰庭；刀圭并处，其色玄黄，故曰黄庭。丹过泥丸，而鹊桥、重楼可顺流而下；一入黄庭，自不劳人力，端端正正，稳住阴魂之上。稍参作伪，便与「落」字之义不合。慎勿守有于无，亦同运无于有，就自然内犹有意想之所到也。若云脑中髓多，有碍丹路，而丹火熏蒸，自然透辟。且道路既清，定无一处阻遏。炼神者，不可眩摇于他说。以上六诀，乃丹成后七日内所行之事。十月玄机，详讲于后，其按次求之可也。

破译说明：

此段顺序，中间隔四个字，与「清道路」段同。

讚曰：由上而下，純任天然。

黃中通理，混合坤乾。

運定功

經生山而之云死空有心一無内神齋點呼求氣坐
落吸空在忘黃便者定佛庭爲由似之入入念有湼
定定空而槃煉定而無證陽久真神聖神則人氣非
是空破在此言空頂定果丹極是而乎落則定不然
中覺與見到宮十空在此當月爲定地行如結之位
煉愚胎相純氣有之任是化不最地自神聖要湧然
之胎而金不道成空蓮患而而從美定煉陽定女之
氣神來入不化出是户入神乎入只到非又定不此
入白實思地定玉爲善位不蟾結不天可曰胎思魔
夫定之惡屢必中殆萬試入求基想轉定定也皆患
者空但空定以内入諸之人求定緣或有空之屏出
生定法息守死中必夫其因求内乃入有定氣爲而

呼者不定防吸由出夫其苟息外乃出無定氣爲胎
呼而不入成吸胎入定指自穩似彼掌無如無儒矣

秘文破译：

经云："一点落黄庭，入定炼阳神。"是言丹落中宫，当行炼气化神之道，而炼气化神，非入定不可。夫必入定者，以人有生死，因有呼吸；苟无呼吸，自无生死。无呼吸便为入定。定久则空，空极则觉；十月如愚，有不圣胎成，而阳神出乎。又白玉蟾曰："定中求定，空内求空。"定中求定者，由息定而胎稳如山；空内求空者，由念空而真人破顶。是定与空为结胎之最要。而空从定来，是入定实为结胎之始基也。但入定之法，必内气不出，外气不入，似无而有，神、气在定，似有而无，神、气在定，而不见在定之相。任地涌金莲，美女入户，只不思善，不思恶，万想皆空，诸缘屏息，夫乃为定，夫乃为入定！彼儒之心斋坐忘，佛之涅槃证圣，非此果乎！然到此地位，纯是自然，不患定之不入。到此地位，天魔屡试，转患定之或出。守其入而防其出，胎成指掌矣。

破译说明：

此段顺序，中间隔四个字，与前段同。「殆」为「始」误。

讚曰：丹落黄庭，入我大定。

似有似無，神和氣印。

行文火

煉生不以非精也須大若化但行周煉氣既火爲精
皆云候候之用定爐者火武矣裏也口火火自然呼
煉從温此鼻氣何温之吸化起温大猶神顧温周有
宜人者無數行非不息目文槁寒可之火木不數可
武雖燥只記火外不以者者無有十也有呼不月倘
候吸無胎欲之而正成火火二無爲無文氣候神危
火在之火險者定景之必無豈象一使候無也周定
之伸又煉不火縮曰神外無往火者馳候來須於十
之如有無月火龜候爲一非胎不中定呼鶴須求自
非息時火火吸之蓋即力乃綿言於到吾綿無無而
定者候爲聖中乎之中胎之故火求結所曰更候矣

秘文破译：

炼精化气，皆用武火；炼气化神，宜行文火。武火者，有候之火；文火者，无候之火。无候之火，非呼非吸，乃吾定中之所生也。但既云定矣，火从何起？顾人非槁木，虽外无呼吸，而二气在定，岂无伸缩往来，如龟胎鹤息之绵绵者乎！故曰：「不须行火候，炉里自温温。」温温者，不寒不燥，不有不无，正无候之景象也。又曰：「火须有候，不须时。」盖言无候之火，更以大周为候者也。然此之大周，无息可数，只以十月胎成，为神火之一周。炼神者，于无为中求火，即于无为中求候，非若炼精之火，口呼鼻吸，犹有数目之可记者也。倘欲火无危险，必使定不外驰。十月一定，自火力到而圣胎结矣。

破译说明：

此段顺序，中间隔四个字，与前段同。

讚曰：煉氣化神，養以文火。
息無去來，必成正果。

坎離交

前者勤定矣卷神生中是採也以起神藥其點氤氣

諸象離氤交章中或開感皆虛入闔無有一定真坎
取陰矣火無坎在或莫離填內行測得離煉火如成
之精矣此乾論化而三健而氣不月之彼得守更體
之成胎須矣坎坎中忘乾離實之氣健因既一合體
金降息神成鼎黃猶一陽之庭之歸神坎與不混果
離離定沌滿爲陰不無時坎相火去及離處亦無十
實卽不來月非當能湛有吾勤勤然不身勤生常嬰
之點坎住兒真化實迨出坎轉以定頂真離點息證
離陰離於長爲爲欲神生成純其神不陰陽變卽死
成方化守之陽得不息仙之聖亦而境門胎難爲哉
户成哉胎然也就惟守不夫若二息外真坎氣於定
坎離靜胎裏屬相定胎丹腎遇同卽成腎不於抱之
者於入氣一精不滅而語也定又成也其中寂神後
象求然是學中定常坎聖滿無照實真一火勿勤其
陽中使生深在求昏點思內火散離而真則便陰自

離坎覺而得屬實一爲之心斷息純可心不從陽耳

秘文破译：

前卷采药诸章，皆有取坎填离之论。而彼之坎离，因金鼎之坎离为坎离，实非吾身之真坎真离，为成阴成阳之门户也。夫真坎属肾，肾者精也，其象中满，一阳在内；真离属心，心者神也，其象中虚，一阴在内。炼精化气，得成坎实，既降黄庭，与离阴相处，即当勤勤点化，转离阴为纯阳，方得圣胎成就。若坎离相遇，不于不定中求定，无火中求火，则坎实断不勤生以点离；或入定矣，或行火矣，而不守胎中之一息，犹之不定不火，亦不能勤生坎实以点离，欲其变化，不亦难哉！惟二气静定，同于入灭，又寂然常照，勿使昏散，便觉一息从定中起，氤氲开阖，真火莫测。如此三月，更须忘气合神，一归混沌，无去无来，湛然常住。追定息于神，神即守息而为胎；守息于胎，胎即抱气而成神。是坎实勤生，点离阴而为纯阳矣。是神、气交感，无坎无离，得成乾健之体矣。乾健体成，阳神果满，时及十月，有不婴儿出顶，证长生不死之仙境哉！然不外「定里丹成」之一语也。后学圣真，其深思而自得之可耳。

破译说明：

此段顺序，中间隔四个字，与前段同。

讚曰：陰陽交姤，取坎填離。

三畫乾象，剛健稱奇。

戊己合

蕭合照也水紫戊覺欲生虛己每似於曰合逢刀申離而寅圭金坎神支必生刀氣而此於圭一坎時巳採有實神木有不下氣生時聖降俱於夫胎以定亥刀成點俱則圭而離空寅者陽陰俱申合神者空巳戊出是俱亥己乎戊定爲二但土蓋結土採之定胎而取長則之言之生胎正之景在不刻也不寅動而蓋在氣摇刀人坎將空圭有離生則合心相氣胎一腎交以生又心之生靈寅中外神覺亥之即也十之神在每月功爲坎逢果居己離亥滿多土相支自其其交而然云卦之離而採在中陰陽有離故上神時腎當升躍者中坎以躍非之離承矣此氣交坎又之爲姤實丹謂戊時者有乎土入是五後其得己行學

卦一土五聖在分之行真坎定胎各切既即在有勿
坎生亥長以離得神生前相一將之言交分抱位爲
必光氣火不戊迴以生可己光成於信相返胎寅也

秘文破译：

萧紫虚曰：「离坎刀圭采有时。」夫刀圭者，合戊、己二土而言之也。盖人有心肾，心中之神为己土，其卦在离，肾中之气为戊土，其卦在坎，既坎离相交，必戊己相合。戊己合而神气一，有不圣胎成而阳神出乎！但采取之景，不在坎离相交之外，即在坎离相交之中。故当坎离交姤时，人得一分定，即生得一分光。回光返照，觉每逢寅支而坎实下降以点离阴者，是戊土之长生在寅，气将生气以生神也，每逢亥支而离阴上升以承坎实者，是己土之胎在亥，神将抱气以成胎也。欲似刀圭必此时，神、气俱定俱空，俱空俱定。盖定则胎不动摇，空则胎生灵觉。十月果满，自然而阳神跃跃矣。又丹有五行，五行各有长生之位。火生于寅，水生于申，金生于巳，木生于亥，则寅、申、巳、亥为结胎之正刻，而刀圭合一，又寅、亥之功居多。其云「采有时」者，非此之谓乎？后学圣真，切勿以前言为不可信也。

破秘说明：

此段顺序，中间隔四个字，与前段同。

讚曰：二土成圭，以喻神氣。
兩者合一，胎圓陰閉。

防危險

煉胎無妄出精而者念神化陽未不之氣神真行念
固不無火卻危就猶而不險一有全宜不二些不見
少三子行身而月息失外煉內卽行之氣任猶之身
化自有之見神然些真則其之子理定危息火是終
險以性只不尤行在靜定多火焉不必夫必及動心
所以五只馳謂息六空而危氣月不爲險貫內色魔
者真全必所一氣歸未誘丹自大能神入始定靜難
中至以未出宮終不能頂不不息空我急相爲胎爲
入離息卽魔定離不墮誘以則火於縱行復爲不十
火貫火有月則復方之辛大貫爲有勤藥則真不亦
老二息無止而頭真之成不緒火無屍靈矣倘而解

後甚猶落欲雖至知小飛入三爲成昇定緒息之沖
行四而果舉火緒不矣不終火能一綦不不守時難
得成猶滿哉號火知十種之自是月種爲胎火聖危
靈不而胎險胎成覺圓皆一胎爲成煉入此行無氣
定昏是出化而沈未神神定散入之之有亂虛景所
外之無卽最馳心寂不忌則所滅可力或致之生爲
離也境出防或修難神閑合士免之乃難當幻念免
得深胎生諸十以之則患月爲患神彼果戒也未後
滿一一變學歷大守通聖十周胎雖真月之息出幸
而初而定勿不似着而以得有於終予果者守難言
滿尚生出爲必有守頂大爲有之然謬幻似之無也

秘文破译：

炼精化气，固危险不少，而炼气化神，其危险尤多。夫所谓危险者：一、丹入中宫，不急入定以行火，则大药老而不灵。后虽入定行火，终不得号之为灵胎。一、入定而定有外驰，则或离或合，难得十月果满。历十月而不得果满，必为幻胎，而阳神不就。 一、二三月内，任自然之息以行火，必以息气贯真气，自始自终不相离。 离则复贯，复贯则二头绪矣，甚至三绪、四绪，火不成火，自胎不成胎，此昏沈散乱之心所致也，修士当深以为戒。一、大周之初，似有者尚有有，似无者未真无，犹有些子息，即犹有些子火性在焉。 及五六月内，全归大定，以不息为息，不火为火，方为真息真火。 倘犹知为息而不能守，犹知是火而觉为行，是未入虚无寂灭之境，难免幻胎之患也。 一、守胎息而著于守，生守之之妄念；不行火而全不行，失行之之真理。 是只静不动，只空不色。 必未能静，未能空，胎即堕于不有之有，不无之无，而落小乘之果矣。一、时满十月，圣胎圆成，无出神之景，即不可生出神之念；生则神未变通，虽出定而终难出顶。 然无出神之念，却不宜见身外之身，见则定终不定，必心驰而为魔所诱。 神难出顶，我为魔诱，纵十月辛勤，亦止成尸解，欲飞升冲举，不綦难哉！种种危险，皆炼气化神之所最忌，力为防闲，乃免诸患。 彼后学圣真，幸勿以予言为大谬也。

破译说明：

此段顺序，中间隔四个字，与前段同。

讚曰：　大周危險，更勝小周。
　　　防閑至密，詎有他憂。

證圓成

魂，純陰也；丹，純陽也。以陰點陽，必銷盡十分陰，添足十分陽，方謂胎成之果。然轉陰爲陽，逐月加增，景即因時而各到。景足候足，歷九轉而嬰兒育矣。試繪圖以序之：丹始入神室，其形爲，有中宫湯煎之景。得此景即入定行火，方無危險之患，如前篇所云。當大周之初，歷時一月，神氣相交，其形爲，有目吐金光之景。因胎結一月，腎氣先絶而然也，名曰一神，是爲始基。二月則其形似，名曰兩化，肝氣已絶，有腦後鷲鳴之景焉。三月則其形爲，名三華，有異香滿室之景。是因肺氣絶，而得景於鼻竅也。及大周之中，時已四月，神氣交感，名曰四因，陰陽各半，其形爲，心氣將絶，時有身搐之景。五月内脾氣絶焉，以口吐蓮花爲景，其形似，名曰五空。過五及六，則其形爲，有獮猴捧果之景，以毛孔悉閉，諸漏皆盡而然也，名六通。迨大周之末，時已七月，神氣渾融，形象爲，景則彩雲蓋頂，爲腎陽復生之驗，名曰七返，胎成大半。八月則其形似○，名八還，有屋變黄金，嘉卉生階之景，以肺肝二陽復生，故景爲金木也。九月則陽盛陰衰，其形爲○，心陽復照，有火龍繞身之景，合十月而名九轉。十月胎圓，陽土重明，口吐金光，目放金色，是爲胎成之景，其形似○，大周中關之功用至此全矣。要知胎成十月，名爲九轉瓊丹者，是合末月而言

之也。末月則聖胎已成，別無轉處；倘再加轉，未免火傷嬰兒，難證陽神出頂之果。後學聖真，於各景而各識之可耳。至出神景象，詳具下章，按籍可知，故不預白。

讚曰：形不一形，景不一景。

聖胎圓成，陽神出頂。

第十二養嬰

釀花墨客藍養素著

鑿圓通之混沌，重樓飛過顯神奇；非匍匐而岐嶷，一竅藏來頻顧復。由中及外不昏，立不散之基；從邇升遐至捷，妙至靈之性。故烟霞環翠裾，八千嶺下斬蛟龍；瑜珥耀丹霄，廿四橋邊籠芍藥。憑母心以生覺，赤子何知；與天運而俱長，成人有造。歷三年之拊育，頗費劬勞；開萬里之風雲，靜觀變化。爰爲指授，無非證聖之方；略事包藏，留待慧根之悟。

止火景

石自既變息杳成滿化之林無十之綿曰用月意綿
不火必中者須也止宮俱行若火内入火再以躍虛
候用化躍無又火神欲火恐則然動方損亢當是得
嬰龍是爲止兒之時止稍嬰悔心火有兒豈空景餘
者不且到爐喻反定真則陽損何景損神嬰知既嬰
之兒滿到兒微蓋十卽之身初月定神外入知中烏

之十當加得身月止定身也之火空外不闗惟内有行固候加身火當聖空爲者行胎並大言火圓所而胎以足謂化成煉嬰龜之嬰氣皃胎之皃而有鶴聖

秘文破译：

石杏林曰：「不须行火候，又恐损婴儿。」婴儿者，喻阳神之微，身外之身也。不行火者，言胎成婴儿自成，无用火也。若再用火，则亢龙之悔，岂不反损婴儿？盖初入十月之关，固当行火以炼气，而既满十月，必止火以化神。然当是时，心空且定，何知满十月、知当止火？惟候圣胎圆足，婴儿有变化之意，中宫内跃跃欲动，是为止火景到。真景既到，即定中加定，空内加空，并所谓龟胎鹤息之绵绵者，俱入虚无，火方得止。稍有馀烬，则损婴儿之神，乌得身外有身，为大而化之之圣！

破译说明：

此段顺序，中间隔四个字，与前段同。

讚曰：胎成止火，温養全捐。爐藏餘燼，災禍奚言。

出定時

胎重躍達而成開有而遠止聽欲不蕩火明離拘若固再母矣在一啟腹但時定既之出後再自狀定神定有然之又火入後時鈍止無破止拙脱更胎火而胎由而後常又無出一昏入返靈日維定有根是蕩出俾不倘與定神昧在昏出在神時皆定胎奇前非者中變神化是生化必神耳機自迷之目躍通離道

秘文破译：

胎成止火，固一定再定，火止脱胎，又入定出定。出定者，是耳目重开，聪明再启，既自有入无，更由无返有，俾神在胎中，生机跃跃，有欲离母腹之状，然后破胎而出，灵根不昧，神奇变化，自通达而不拘矣。但出定之时，止火后一日是。倘在时前，神必迷离而远荡，若在时后，神又钝拙而常昏。惟荡与昏，皆非化神之道。

破译说明：

此段顺序，中间隔四个字，与前段同。

讚曰：胎出定出，須在時中。

不先不後，方了定功。

脱本胎

脱謂斯我絲胎也成形毫者但焉故人是胎神曰力

胎有成身疑化由而外有爲脱形身工神出雖也夫

非定三然便還是寸此錯上問鬚純認宫定眉是脱

出既體天胎天出格然之門矣畢不旨之神肖假矣

秘文破译：

脱胎者，是胎化为神，非迁上宫出天门之谓也。但胎有由脱，出定是问，定既出矣，神斯成焉。神成，而形虽三寸，须眉体格，毕肖我形，故曰身外身也。然此纯是天然，不假丝毫人力。疑有工夫，便错认脱胎之旨矣。

破译说明：

此段顺序，中间隔四个字，与前段同。

讚曰：功深胎脱，專任天然。

下遊内苑，切戒留連。

超内苑

内不墮性後苑識其朗真者不間淡人是知鮮漠無
吾當不相恙臟五昏遭不腑色沈目然所五而若則
化音死無求若雜真見如蜃投人耳旌樓猝既若陽
海至死無之市繁盡聞既幻華棄且入宇内前至復
内苑功一出之百矣物者奇出當之寧觀相此不有
聖嘗之見幾胎真時不哉初人心聞慎脱一空而之

秘文破译：

内苑者，是吾脏腑所化，若蜃楼海市，幻宇内之奇观。圣胎初脱，不识不知，当五色五音杂投猝至，繁华内苑百出相尝，真人一堕其间，鲜不昏沈而死。真人既死，尽弃前功矣。当此之时，心空性朗，淡漠相遣，目若无见，耳若无闻，且至一物之不见不闻，而后真人无恙。不然，则求如旌阳之既入复出者，宁有几哉！慎之。

破译说明：

此段顺序，中间隔四个字，与前段同。

讚曰：内苑紛奢，易迷厥性。
挺立超然，出定入定。

昇重樓

丹無重不覺過序樓用其重則一力難樓神關但其
自因蓋存慎上力綦一工而猛重息夫下而矣千至
易停惟里此神畏是千其過其默里細重難然一如
樓而端息絲由戰坐之筆下競若思亦而不有方難
上前知是傳難則若倏惟忽又無忽自其以知過領

難逡若重而而巡用樓悟急而力而之遽陷若復耳

秘文破译：

丹过重楼，自上而下易；神过重楼，由下而上难。忽其难而急遽无序，则神因力猛而停；畏其难而战竞不前，则又以逡巡而陷。重楼一关，盖綦重矣。惟是默然端坐，若有知，若无知，若用力，若不用力，但存一息千里、千里一息之思，方是倏忽过重楼，而复觉其难其慎。工夫至此，其细如丝，笔亦难传，惟自领而悟之耳。

破译说明：

此段顺序，中间隔四个字，与前段同。

讚曰：若難若易，何易何難。

克明就裏，神也非丹。

登天闕

諦葉退産光真岸柔爲靈得兩優乃惟自西欲出蕩

參東猛既飄細分其神而學浪虞陽然後水則矣杳

功潮闕出沈成江衝神昏獲鼓驟陽若遂風馳而心
說曰欲開開其訣啟門未如以未天開余貽門覺將
明蟾天不刻倍海日聲此月忽當一門雲哭余靂天
浮大憶霹極去聲附證聞之捲放也耳巔過施法握頂
間可養把抵雲計內所即月無是有樓明紆胎中重
嫌其脫蕩過不恐講昏既聲又前昧人無聽嬰不真

秘文破译：

真人既过重楼，即抵顶巅之极。天门此刻将开未开，心若昏沈，杳然而飘荡。惟灵光不昧，昏荡中有所把握，耳闻霹雳一声，不觉天门开而阳神出矣。阳神既出，乃为产婴。前讲脱胎，是内养法也。附证：忆余当日，天门未啟，欲驰骤冲关，则虞其猛；欲优柔退听，又恐其纡，无计可施，放声大哭。忽海蟾贻以诀曰：「风鼓江潮水浪分，东西两岸叶无声，不嫌明月云间过，卷去浮云月倍明。」余如其说，遂获成功。后学细参，自得真谛。

破译说明：

此段顺序，从左下角「真」字起始，中间隔四个字，自下而上，从左向右逐次读。

讚曰：陽神透頂，丹道乃成。
萬千變化，厥惟真人。

乳哺方

乳雖次按夜哺深而常次之山出期數功古神收洞
必洞時縱内經無仍往洞三風然來外載雷默不可
而鳥坐可以工獸時任離夫之歷意身節聲二故然
次而載三亦如出可月不訣神出前越行時之一左
持或於日右方四洞出三保肢外神載無舉山三乳
患動前次哺故亦俾夜事其足流必竣始駭水不則
出其奇可一也見花半日旋聞豁載一出半其一里
旋載心日由收後目五漸仍必逾次而以一三期至
泥日載年千丸下而一里爲單乳日萬襁三哺七里
褓次功次可風示成而也觸以又三其則運以次形
顛動泥五體日之丸次大侵形爲七小則而棲次長

燥出神者亦在神宇衹隨内時舍在時在則出身至
外不入運三俱可不動年以下拘譬乃不單久嬰與
見閒暫孩身風步亦及等日及要週工爲一防不夫
安載虎離節越導狼阿次三之驚保不月語撲之紊
知言等手不覺則虞也疎稍日再二方開諷或載得
宜清出後養防静或不嬰驚經入拘之恐三俱日法

秘文破译：

乳哺之功，必经三载，而工夫节次，如诀行持，方保无患。故其始出也，旋出旋收，仍以泥丸为襁褓，风触则颠，日侵则燥，在内在外，俱以不见风、日为安。越三月，知觉稍开，宜防惊恐，虽深山古洞，无风雷鸟兽之声，而出神时，或四肢举动，亦足骇其见闻。半载后，必一日下单三次，示以运动之形，而出神时，则不可下单闲步。及一载，导之语言，则日讽《清净经》三次，而出神时，仍然默坐。时历二载，可出之于洞外山前，俾流水奇花豁其心目。逾三载，而乳哺功成，又以泥丸为栖神宇舍，出入不拘久暂，亦要防虎狼惊扑等虞。再或出或入，俱按常期收纵往来，不可任意。故三月前，一日出神三次，夜必不可；半载一日五次；期年一日七次。而三次、五次、七次者，只在身运动，譬婴孩及周，不离阿保之手也。二载后，不拘日夜、次数、洞内、洞外，可以离身，然亦不越左右。三载乳哺事竣，则一日一里，由渐而至千里、万里可也。其形体大小，长亦随时，至三年乃与身等。工夫节次，不紊不疏，方得养婴之法。

破译说明：

此段顺序，从右上角「乳」字起始，中间隔四个字，与「升重楼」段同。

讚曰：乳哺精功，三年一息。
大哉玄玄，誦斯無斁。

變化法

陽五應惟神變神念爲化有尊而其以一化生亦化
五宜如五以己五欲五變人之還說以人寧原無變
鳥謂則耶獸昆至誦以虫花己唵變果草人唧或木
山有喃所水亭摹三擬樓器或字别用珍開神生寶
諸面化俱法其用不⊙以一默測誦化五唵其唧者
是啐去三乳哺字天便後養可仙從於泥心有所丸
期欲幾欲年一變哉鳥定精獸倘等靈既物欲只足

遠用無⊙近可默影誦通再唵無唧出之唎形三時自字風復一化以來天五五目雲書化五其去名五二於非左十五掌面而矣夫某壁物易以某飛字五爲皆昇以陽數雨後蓋又以其則上五爲田猶完尊位其未下神以依之法陽名不能紊其化自也然宜

秘文破译：

阳神变化，有以一化五，以己变人，以人变鸟兽昆虫、花果草木、山水亭楼、器用珍宝诸法。其以一化五者，是乳哺后养于泥丸，期年一定，精灵既足，远近可通，再出之时，自一化五，五化五五二十五矣。夫《易》以五为阳数，又以五为尊位。神以阳名，其化宜五；惟神为尊，其化亦宜五，五五之说宁无谓耶？至以己变人，或有所摹拟，或别开生面，俱用⊙默诵「唵唧啐」三字，便可从心所欲。欲变鸟兽等物，只用⊙默诵「唵唧唎」三字，复以天目书其名于左掌，而某物某字皆以「雨」盖其上，「田」完其下，依法不紊，自然应念而生。如欲还原，则诵「唵唧喃」三字。神化不测，其去天仙有几哉！倘欲无影无形，风来云去，非面壁飞升后，则犹未之能也。

破译说明：

此段顺序极特异，顺序号如下：

41	33	25	17	9	1
㊶	㉝	㉕	⑰	⑨	①
●21	●17	●13	●9	●5	●1
㊷	㉞	㉖	⑱	⑩	②
42	34	26	18	10	2
43	35	27	19	11	3
㊸	㉟	㉗	⑲	⑪	③
●22	●18	●14	●10	●6	●2
㊹	㊱	㉘	⑳	⑫	④
44	36	28	20	12	4
45	37	29	21	13	5
㊺	㊲	㉙	㉑	⑬	⑤
●[illegible]	●19	●15	●11	●7	●3
㊻	㊳	㉚	㉒	⑭	⑥
46	38	30	22	14	6
47	39	31	23	15	7
㊼	㊴	㉛	㉓	⑮	⑦
●21	●20	●16	●12	●8	●1
㊽	㊵	㉜	㉔	⑯	⑧
48	40	32	24	16	8

「⊙」不知应译何意，故保留原文。

讚曰：惟大能化，惟化成神。

精靈不測，與天地平。

問道德

道身度神嚴德心師未密者體引變防太驗朝化虎

上奚兜之狼道以率先水德承求出火經先講入之

也啟道以傷包後德心肉括爲正御身三大旨既不
才羅如知存混一是變陽合等一化神八天載後無
卦仙知出舍紹故所入勢玄既法以必女知律陽散
之變方神蕩心化不陽天傳必與神涯開三世遠求
諸日外遊爲天一野肉地之次仙身仙法陽同在而
界神其洞不聖出究務得真舍竟保慎不懇但護哉

秘文破译：

道德者，太上《道德经》也。包括三才，混合八卦，绍玄女之心传，开诸天之法界。圣真不身心体验，奚以承先启后，为大罗一等天仙？故既知变化，必三日一次阳神出舍，恳度师引朝兜率，求讲《道德》正旨。如是一载，知所法律，方不与世外野仙同其究竟。但神未变化之先，出入以心御，既知变化后，出入以阳神。阳神远游，肉身在洞，务保护严密，防虎狼水火之伤。肉身不存，阳神无舍，势必散荡天涯，求为地仙而不得。慎哉！

破译说明：

此段顺序，中间隔四个字，与「乳哺方」段同。

讚曰：日朝兜率，求聞道德。
出神玄微，藏身縝密。

冀表揚

聖安爲並驗真置進旨矣既肉身下二明身之各篇
道後階部固德陽歲諸養更神終神嬰自出選咸要
正舍舉遵目月懇時法而元乞斗令保旦度主不護
起師三獨肉每引元飛身逢朝薦昇尤朔先之立爲
望天上待養時斗帝而身節姆上行之本三帝功道
命元註行體生大名法之辰帝玉無毋先求籍不忽

秘文破译：

圣真既明道德，更自正月元旦起，每逢朔望时节，本命生辰，先安置肉身，后阳神出舍，恳乞度师引朝先天斗姆、三元大帝，求为进身之阶。岁终选举时，斗主三元，荐之上帝。上帝注名玉籍，并旨下各部诸神，咸遵法令。不独飞升立待，而行功行法，无不验矣。二篇固养婴要目，而保护肉身，尤为养身之道。体之，毋忽！

破译说明：

此段顺序，中间隔四个字，与前段同。

讚曰：道貫無爲，聲聞玉闕。
應詔飛昇，起不同蝸。

營宇舍

證道有三遷之境，靜、深、高也。蓋煉己築基，已遷靜地；地雖靜，猶在人間也。遷曰高遷，崇升於帝闕也。深遷者，靜遷功就，尚未高遷。入窮岩以煉神，坐枯石以面壁，九年一定，將以還虛也。夫寥廓之區，烟霞之宅，人跡之所不能至，風雨之所不能侵，鳥獸林泉畧無可驚怖，此非七尺軀能遍覓也。惟是陽神遠歷，慎擇幽棲，命社令山神，守玆净域，俟我功成行滿，負手歸來，無爲以證涅槃，如是焉爾已。此積功已竣之圖，而列之於此者，蓋此後泥丸已斂，陽神不外遊，故宇舍之營，在先事也。

讚曰：入山必深，面壁爲真，
飛尋佳勝，大哉陽神。

斂泥丸

陽神者，還虛之母也，非游戲玩弄，駭俗以驚人也。宇舍既營，陽神事竟，諷《心印經》一萬三千卷，斂諸泥丸，湛寂深藏，永無出入。且行功積行，總惟身體官骸，非可假陽神聊相攝也。是故形會意，意會神，神會道，不先不後，不疾不徐，惟盡人合天，無負傳心之望。

讚曰：既出復入，雖滅實生。

泥丸一點，銷鑠全身。

第十三積行

富貴解人曹器杰著

世事雲連，酖毒在宴安之地；天心玉汝，陽和從栗烈之餘。喚回蜨夢五更初，半藉重巗風雨；穿透鵬池千仞上，全憑大海波濤。故禹甸畇畇，玉食報隨刊之烈；周原膴膴，金甌酬播種之勞。銷俗骨以辭塵，百尺竿頭須更進；換清軀而濯月，三山峰頂好同歸。惟嘗膽與臥薪，自超羣而拔萃。玄科分十二，請擇善者以從；妙行積三千，應謝時人而去。

朝名山

朝山非以縱觀遊，搜奇而攬勝也。蓋洞天福地，皆仙佛之所憑依，亦猶攬轡未登，先謁主司於府第，凡以自通耳。且夫封泰山，禪梁父，帝王之敬禮，甯炫玉書金簡之文？蓋當其治定功成，乃以祈天而永命。後聖至化神而後，夫亦成定之秋也。故積行之初，重名山之仰止。顧其遠者，數千里或萬里而遙，匹馬孤帆，亦可紓其跋涉，然非所以云積行，且表厥誠也。戴月披霜，但著幾兩屐，而一瓢一笠，無短僮瘦馬之吟，則行爲五百。倘按步叩禮，沿途不懈初心，則行加一倍。

詩曰：萬壑松濤百丈崖，透迤石徑穿芒鞋。
探奇欲上雲峯立，橫覽神州一放懷。

尋仙蹟

神聖飛翀，勝地祇餘往蹟矣。然或依山而煉性，丹臺飛五色之花；或借徑以流慈，黃鶴舞千年之瑞。後聖於朝山之會，遍探流風，陟險窮幽，不惜旁求辛苦，要必以吾之敬禮，潛孚往聖之精神。若援琴之遇文王，而羹牆見唐帝也，是則行爲五百。至若仙蹤剥落，廟貌陵夷，或慨慕以重光，或構基而締造，其行則倍焉。

詩曰：興雲㸊𩆵只從龍，不信山空洞也封。
寂寞靈湫飛澍雨，鶴翀何日返仙踪。

住禅院

仙宗、釋典，不相爲謀，然方積行以自修，豈尚强分畛域？況名山幽境，僧占爲多，故積行之場，莫如禪院。住禪院者，擇山中大刹，暫息芒鞋，則屏絕囂塵，猶是巖棲舊事。重以往來，僧衆則供億之役繁，昕夕不違，乃以程吾勞勩，更於人之所不屑。黽勉而安之，則終始一心，斯不見人相我相，三年無過，行記二千。然作息之餘，稍露陽神，駭人耳目，雖欲彰吾教，正其所以踰吾閑，不惟無勞之可名，且將有大咎。

詩曰：浩劫微塵兩不侵，閒抛鶴氅挂鸚林。
晨鐘驚寤霜天曉，土木形空水月心。

募義倉

積貯者，生民之大命。當水毀火旱，萬户嗸嗸，天地亦難自主。故救荒之政十二，積貯爲要圖。漢天師當珠粒之秋，捐施數萬石，受符膺籙，遂贊泰玄。聖真丹術雖成，尚難博濟，況既云積行，正資募勸辛勤，勿憚程途，勿分衆寡，多多益善，汔於有成，俾穀積倉盈，以防凶歉，賑荒一度，行記二千。然勸募之時，雖必信從者衆，則顯仙踪以覺世，昭靈跡以感人，不必慎如禪院。

詩曰：漱嚥華泉養谷神，逍遥忍看阻饑人？
濟生普給壺天露，沾溉潛消爨釜塵。

煉外丹

內丹未成者，外丹難弋獲，而外丹不煉，莫溥濟人利物之功。故削雪成銀，耿先生之戲術；安鐺煮汞，張永德之神奇；陳允升塗紙爲金；葛苭漏庀材覓藥，仙家妙用，種種難書。聖真當面壁之先，尚未盡從心所欲，謂之煉者，蓋猶有借於靈符祕咒。跽諷天章，購物程功，殫心而竭力，此中玄妙，臨時自有師傳，未便明言，啟貪夫之覬覦，故列諸積行，俟後賢煉度之勞。

詩曰：活火流珠貯玉函，何勞望氣鑿巉巖。

點金賤到人間土，少伯書奇竟可芟。

宣正化

人性皆善。以氣拘物，蔽而漓，故世道人心，遂與江河日下。吾修吾性命，非以徇人。顧野鶴松邊，演三車之奧旨；祇園樹下，宣四諦之真言。而吾道之王重陽、邱守拙，揚風迪教，朝野傾心焉。聖真矢願化人，必擇通都孔道，蓮臺寶座，相時宜而說法講因，風雨燠寒不辭。況瘁感一人，爲行一百，十人則行千。倘回奸惡以從忠，挽奇衺以反正行，依人數而爲十倍於前。

詩曰：隨方演説覺羣材，拱聽良言夙抱開。
猛醒迷途知未遠，故衣曾帶寶珠來。

執弟業

立志中之訪師，未修道也；積行中之執業，已出神也。顧訪師在虚心以受法，而執業須勞力以從游。夫此身已證化神，尚何須乎模範而必至心勞勤者？正不安小果，而至德無常師也。且聖若宣尼，猶師項橐；李謐《五經》之彦，而曾事孔璠。雖青勝於藍，冰寒於水，而小心翼翼，時以虚受人。惟是山川雨雪，不憚艱辛，夏楚譴呵，益加敬畏，歷十年如一日，則行記三千。

詩曰：一擔琴書萬里遥，西風暮雨任瀟瀟。
親師立滿瑶階雪，便許春田長藥苗。

授玄宗

聖賢之授受，大道爲公；祕以自私者，褻天之甚者也。夫重陽演化，證真位者七人；而漢代雲房，粤數百年而尚覓玉清内相，誠有見於大公無我，不容懷寶而迷也。後聖至陽神既變以還，固不堪濫及匪人，蹈紫陽之故轍。而天涯海角，物色於驪黃、牝牡之餘，開牖納之誠心，善鈞陶之雅範，上延五祖七真之派，下啟千秋萬世之傳，加意玉成，准記三千善行。

詩曰：茂林乍聽鳥聲呼，雨灑醍醐露濺珠。

春色滿園桃李笑，也知青帝費功夫。

諷皇經

經者，神聖之寶燈，法界諸天之真印，至心禮誦，隨感而皆通。文昌諷《大洞真文》，天神効命，而況金函玉册啟九天寶祕之樞，鳳篆龍章開三界津梁之鍵。故功德爲諸經冠，而天魔示現於聖真而倍嚴。方諷之初，則有凈壇丁甲推鋒露刃，英氣莫可攖，一七而湔腸；三七而聰閉；四七、五七目光蔽而有傾跌災；六七則雷兵之霹靂交加，經壇震撼；四十九日，豔女來窺，一念偶疎，肢體旋皆崩析。惟是存誠主敬，始終安湛寂之天，保護陽神不驚，不間諷之百日，記行四千，是爲圓滿期。欽哉，毋忽！而諷須擇地，宜在深山古洞間。

詩曰：龕燈光照月千江，七寶莊嚴映緑窗。

花雨一壇香霧暖，毒龍癡虎衛幡幢。

拜玉埨

玉埨者何？上帝之寶光，現圓明於妙相也。光在皇經凡十七，故埨之繪像分十有七層。拜光者懸挂光圖，對諷天皇聖號，按光觀想，拜某光而即以某光冠之。非僅如羽客醮壇，鶴氅星冠，誦揚而禮拜。然必三年願滿，始終無怠無荒。惕日玩時，則拜猶不拜。後聖至心皈命，拜終則記行四千。至如玉埨之光圖、科儀、禮拜諸條式，乞度師指授，慎毋蹈於愆儀。

詩曰：瞻禮高穹一瓣香，玲瓏影現玉毫光。
葵忱儼造彌羅境，碧落空明曉似霜。

勞筋骨

天體運旋，日月星辰皆流轉，蓋陽精主動，動而有常。惟行健自强，所以永貞而不息。聖真自入山以後，皆寂靜而幽閒，有以勞之，斯靜專者動直矣。況自古英雄賢喆，惟勞乃有成。漢昭烈因髀肉之生慨焉流涕，陶廣州無事則運甓於衙齋，寧欲證大羅反惜辛勤力耶！

通明邱相涉冰負行人，胼體裂膚不遑恤；王老攜家沖舉空際，猶聞打麥聲。不以勞爲勞，而勞乃至矣。故或梯山涉水，任重遠馳，以佽征人，以行己志，三年不怠，則行記四千。而他日飛舺，亦視勞之大小以相酬，令勞而永逸。

詩曰：紫陌塵飛碧水流，鶯歌燕舞十三樓。
最憐野鶴雲千里，譙羽曉音未肯休。

燃體膚

我聞佛事歌利工，節節支解時不知人我相，而吾教黄眉翁服氣洗髓而伐毛，蓋骨肉皮囊，恐不足高飛輕舉，何若一時强忍，畧銷融於面壁之前。故大燃者惟玄帝，其燃四十九。後真能崇效，行記七千。中燃有正陽，小燃有杏林石氏。中燃二十一。小燃者，一七之名也。中與小有分，故行有六千、五千之别。此燃膚之大凡也。夫性命之功，功先成己。然性命已負且固，不能無體，而無方終難合德於崇卑，而極彌綸之盛事。聖真積行，非必於金科十二皆按節以畢符，而擇善以施，參以行功之大較，自得躊躇滿志，而内外兼成。

詩曰：願甘鑠骨並銷筋，陶冶靈軀逈不羣。
慧炬排光通玉陛，灰心供養熄烟雲。

第十四行功

鐵杖老人李元中著

慈航有諦，檣帆迴業海之波；法雨無邊，霡霂起枯苗之穎。成己、成人、成物，斯兩地以參天；立功、立德、立言，可存神而過化。故從龍潤礎，沾甘澍於堯雲；顧免維箕，拂薰風於舜瑟。藥轉三華之采，黍谷溫回；符飛六甲之靈，魔天影閉。浣仙塵而反骨，全家之雞犬皆昇；超佛劫以辭胎，七寶之鏡臺普照。逐篇伎倆，須舍易以從難；如法循行，在因時而審勢。

遣風雨

風雨曷爲遣？以回天也。天曷爲乎回？以膏苗以息火也。火可息、苗可膏乎？曰：可。曷以可？曰：亦猶行古之道也。古之道奈何？欒巴噀酒，餤靖成都；葛玄飛符，雨甘京國。古之人有行之者，天可回也。蓋聖真道成，代天行化，旱既太甚，雨以膏之；火燎而炎，則回無阻之風以息之。然則曷以雨？曷以風？曰：法之傳，道成斯獲，雖預白無以爲也。遣以符，遣以咒也。反風功五百，祈雨者千，久雨祈晴功三百，招風功一百，惟其貞。

詩曰：天倪澹遠性空濛，喚轉風雲片刻中。
長嘯一聲人不見，亂烟初散日初紅。

逐蝗蝻

《春秋》重民命，謹天災，是故蝗則書，蝝生則志。蝝者蝗之子，蝗者蝝所成。田祖有神，秉畀炎火，非好殺，以生禾也。然則蝝無形則火之，蝗已羽則風之。風之於斥鹵海濱，命可全，禾不害，此遣風之一奇也。蝝之胎，胎於地。冬有雪則深入地下，因雪之次數而入愈深；焚真乙罡符，蝝斯浮出；出則火，火則除，除蝝是爲二百功。驅蝗功三百，故周一清之修道也，作書諭蝗神，神奉書，遂帥蝗遠遁；此得驅蝗意，仁義兼也。順好生之道，道故成。符有度師傳，傳待時，不具録。

詩曰：火速靈文號召時，雷霆搜捕種無遺。
未經撲滅薨薨羽，急遣颸風送海涯。

驅鬼怪

曷爲鬼？怨鬼游魂也。怪者何？精魅也。曷以分鬼怪？入室覩其氣，氣有分。曷以驅？驅以類。祖天師之除魔鬼，旌陽之斬蛟，回道人入宮命關壯繆，皆驅也，其明證也。故鬼有宿怨則解其寃，魂之游則超使度。洎超而解矣，而猶肆其侵陵，是宜驅，驅以小彪法。小彪之弗去，是曰怙終。申疏諸天，謝罪告開戒，乃用大彪法。法不預傳，恐輕試。精魅爲妖，妖則妄干，用五雷正法。法在驅使去，勿賊其生。一度記功千，毋輕殺。然有隨身將法乃効靈，故預煉罡將一員供使令。

詩曰：千靈敬仰一身孤，不仗青蛇祟自驅。
卻怪湧蓮香水鉢，雷峯塔錮冷西湖。

利幽囚

吾道慈悲，重度人，尤思度鬼。葛公相，薩公師，位證大羅，用斯道也。然則鬼將曷以度？憑吾道力，利以神。利之將奈何？四時之序，八節之期，諸天赦罪消災之令，會牒掌陰天將令，釋幽囚，送醮壇，聽法諭。法曷諭乎？爾天堂樂，地獄可悲。舉吾證道，因爲剖告，告斯悦，悦斯悲，流涕而求度。於是浄我化神之舊府，吸幽囚，用無爲真火煉七口。止火出定，吹氣向天，送詣南宮紫府間，俾證道。道在至心觀想，另有傳。然後爲誦《三元解厄經》，禮皇懺，俾消往罪，祈證因。一年三次，紀功千；十年功萬。萬功滿，獲飛昇，是爲冠諸功，他皆弗若。

詩曰：黑海瀰漫渡莫能，風淒霧慘欲成冰。

慧光忽化流金火，煉散愁雲十八層。

勸孝悌

木有本，水有源，源、本在人爲孝悌。本實撥，人也而禽。滋長而發榮，先培本。聖真道濟重本源，爲撰良言談果報。爲木鐸，爲暮鼓晨鐘，爲霹靂雷，爲浸潤，爲深爲淺，爲感爲懲，苦口慈腸，提撕而警覺，化人而人化，功三千。普暨大千，發天性爲太和，用嘉乃功。功萬萬，飛昇操左券。簡在帝心，位極天人，不在三元下。

詩曰：春回沆瀣露回霜，烝乂庭幃翕雁行。

蓺得萱荆花笑否，交柯繞砌藹天香。

遏貪淫

貪淫者何？孼海也。曷言乎孼海？貪斯逐，逐則昏；淫則迷，迷斯亂。縱情濁性焚，如死、如棄、如毒流，爾後人莫之覺也，古今之大愚也。遏之將奈何？曰：惛者燭以燈，寐者驚之覺，濃者淡之，熱者寒之，悚之以天地鬼神，如斯而已。是故格一人使悟紀功千，感而讓金厥功倍。嗚呼！化炭爲妖幻，旌陽所以試及門也；不忍點金悞後人，洞賓一念而成聖也。知此義也，故貴遏貪淫。

詩曰：濁浪排空到海渾，奔流氣勢嚙天根。

勞將柱向龍門砥，澈底清漣戴禹恩。

療疾苦

療疾苦何也？推我長生願，延人世之年也。孫思邈療龍，徐秋夫療鬼，非我族類，欲並生之，而況乎同類。故桐君之録，肘後之方，千金之祕義，著書濟世證天醫。療之將奈何？曰：外丹可濟也，望聞問切可憑也。否則罹先世餘殃，而或天人怨怒也，爲禳解，爲詔之自新，爲勸好生，爲遷塋卜宅，而後投以劑，一服俾瘳。愈一人，功一級。若鐫新論，廣良方，垂久大之模，功惟重。

詩曰：棕簑斗笠舊生涯，一個葫蘆萬里家。

寧有禁方三十首，返魂香借白硃砂。

救貧窮

仁心無既也，而勢則良難。勢難則曷以救之，而俾無失所？曰：吾力之所及而願以將之，願之所至則周之，而貧窮遂矣。曷言力之所及也？曰：目之所及見，而吾耳所及聞也。救之將奈何？曰：解推以通之，而外丹可濟也。抑倡之自我而資，同善於人也。衣食之資斧給，妻孥贍，喪葬完，而貧窮救矣。未也，彼夫啣莫白之寃，逋公私之負，窘於勢者，薄於時者，而排之，而雪之，而償而散之，而解而紓之，則是仁人君子之用心，而平造物不平之憾。

詩曰：兩袖清風酒一瓢，經年事業只蕭寥。

壺中貯有慈雲在，垂手窮途渡法橋。

活萬靈

曷以名萬靈？鳥獸蟲魚骸骨也。骸骨曷以言乎活？活於聖真也。曷活於聖真？以道力也。今夫擲杯可爲鶴，石可叱爲羊，葛陂之杖可爲龍，飯可爲蜂蜂爲飯。無情者可活，而況羽毛骨角之猶存！然則活之將奈何？曰：萃骨於一區，步斗罡，結龜印，先煉以吾三昧火，復取東方之生氣而咒以吹之。咒有傳度師可授也。少焉，肉白骨復回生，故曰以道力也。既生後，畀放生池院，乃保全。若聞殺而不見其形，則誦往生咒十遍，以吾意會物形，送於冥曹，求轉爲人道。行之一歲，厥功千。至見殺而曲全之，理所宜，不具囑。

詩曰：物苦操刀慘若何，曾將鐵案奪閻羅。
殘形偶沐吹噓力，飛走旋看喜躍多。

甦五穀

五穀成於地，培於天。曷以甦？甦枯爛也。曷以甦枯爛？旱潦傷也。蓋霪雨爲災，禾斯爛。甦之將曷若？曰：聖真當水退，步斗罡，手印結三山，腹吸東方之生氣，煉之一晝夜，念真言，呵真氣於田，禾斯起。穀傷旱則將枯，枯者曷以甦？灑以北方真坎水，灑之會誦真言。真言悉不傳，傳恐褻。如法流轉，穀故甦。至若視其禾田凝黑氣，是農人有咎，獲戾於天，則代釋其愆，爲虔誦《皇經》三卷證道愿，寧遲一紀冀回天。天鑒其心，枯爛之禾可活也。是爲無量功，一度三千功上達。

詩曰：雨暘傷稼拂常經，力挽天災幸有靈。
苗槁浡興歡士女，甫田盈望已青青。

興廢教

儒、道、釋教，日、月、星也。三光不可磨，三教烏能廢。教不廢，曷云興？蓋緣教中不肖徒，予以可乘隙，復開衅於奸貪輩，遂以構其緣，蔽主聰，聳官聽矣。興之將何以？藝祖除佛教，禍將延。薄暮，偶微行，適見頭陀醉卧地，帝震怒，念益堅。僧乃蹶然興，婉言謝藝祖：夜已暝，非帝獨行時，卒有不虞，悔何及。吾護汝速歸爾宮。帝乃悚然，得不廢。元世祖之謗玄也，尊釋氏。中宮方彌月，帝望生男，詢國師。師曰：女也。國師者，楊璉真伽，世祖所崇信，言應如枹。復問邱長春，曰：青宮主器。然知必公主，且聞國師言，對以男，思以勝國師，俾帝悟玄之妙也，旋以衛教，故露祈上帝轉陰陽。既乃果得男，故益重長春，崇道教。興廢教者，施大法力，顯大神通，悟君心，全民命，俾感悟，教乃興。興教者功萬。

詩曰：祛盡浮雲捲盡愁，青天已補月重修。
撑開世界烟霞外，揮手歸來鶴背秋。

度真言

真言曷謂？聖神心法也。曷以度？發前人所未發，啟後人也。又經以讖名，玄理倍深，多咒録，出生死，消罪愆，福壽所由，增功尤劇，聖真撰著紀萬功。且夫《道德》五千言，太上傳關尹；厥後復以《南北斗經》録授天師。歷代聖神語録交相授，金繩寶炬度盡有心人，故功德無邊，超塵出劫。《金丹心法》，余輩不邀功，惟望後賢不負苦心。願内丹就，功行圓，加面壁九年，而證飛昇之果，消凡累，入化神，億萬斯年。度九祖至矣微矣，蔑以加矣，而大人之事畢矣。勉之！企予望之。

詩曰：羽化真修何處尋，漫憑往籍認傳心。
而今祕授飛翀訣，珍重琅函值萬金。

第十五面壁

盍縷道人何淑清著

應物有心，即空即色參生滅；觀心無物，非色非空入化神。置理亂於罔聞，靜向深山留太古；斂英華而不露，長斯兀坐葆真倪。故幻實還虛，恍若牟尼證涅；銷丹合道，幾同顏子齋忘。黄石本吾師，據石鎮九年之定；赤峯原我友，登峯樹萬載之身。統儒釋之精功，天成節奏；鍊清靈之真體，人看飛翀。何處是龍門，只此五言古調；到來承鳳誥，方知一片婆心。

道行堅凝

内外丹並成，辛苦亦云足。況乃歷諸艱，修途頻局促。厥身不憚勞，矢願鑴心曲。朗朗冰壺秋，寒光照初旭。金石差可擬，縝密温如玉。義理一肩擔，大任天斯屬。我志幸已酬，我行幸無辱。應當拂袖起，超然脱塵俗。

偈曰：一箇骷髏，滿腔道德。
縱惹摩挲，應規合則。

聖功圓滿

拂袖喜超塵，騰身出風火。長嘯賦歸來，了非前日我。回憶樹功時，慘澹修真果。涸跡在人間，愛除人間禍。風雨一魔中，孽虬蛟龍鎖。隻手散陽和，菩提妙薩埵。默契上玄心，金册藏青瑣。高蹈覓雲窩，幽栖釋擔荷。

偈曰：彌天蓋地，般若神功。

一切色相，逐葉隨風。

帶舄歸山

何處卜幽棲，空山我故宅。石老華髮深，遂徑無人跡。寒泉漱靈根，罡風摩高脊。幽然太古初，寂靜良可適。去去別寰區，舉足雙飛舄。絶麓瞰遠峯，捫蘿開荒僻。野鳥不飛鳴，衆獸罕棲踖。天地一孤踪，才然以朝夕。

偈曰：仙乃山人，惟山合道。

絶塵而奔，是登是造。

跏雲坐石

才然托深山，胸中仍則箇。詎若遯世翁，頽焉覓枯坐。怪石截爲屏，風雨曾洗磨。斑剥負文苔，古薜濃陰大。面此壁立峰，朝夕忘起卧。寒暑不相干，於何勞饑餓。緑草彙吾茵，白雲擁我座。湛寂無嘘呵，趺跏是功課。

偈曰：山内雲生，雲中山立。是山是雲，分他不得。

諸魔悉退

趺跏無嘘呵，澄靜固云極。不見服氣人，淺根疎道力。自將魔作幻，作幻爲鬼蜮。長袖曳輕裾，繡帶垂華飾。優戲擾厥旁，撮弄相迷惑。若彼功行深，罡風淬寒色。神人悉退聽，何況此蟊賊。天日章光化，無從滋偪仄。

偈曰：説魔自魔，知魔不魔。掃除一切，於意云何。

萬法皆空

偪仄幸無魔，或以仗諸法。法力亦佳哉，毋乃肆彈壓。而我於其際，一切皆融洽。鉢水瀉深溪，劍光收寒匣。天籟與梵音，寂靜無喤呷。內外空所有，於何繫胸脅。回思皷神通，如兒嬉肄業。洞洞復冥冥，嗒焉頓消乏。

偈曰：在法言法，去法弗法。者箇枯禪，四通八達。

外息羣關

洞冥頓虛忘，著著都放下。六幕與九垓，了無容心者。金液既不餐，見聞蓋亦寡。嶺月自光輝，松風空奏雅。祇此一息間，元氣吞還瀉。念彼勞塵內，物物皆蠱冶。在昔已屏除，何待今日也。凡慮不我攖，五關自瀟灑。

偈曰：無來無往，何去何從。非耽寂寞，緣我癡聾。

内觀衆妙

息闢慮不攖，詎乃如槁木。脉脉黄庭裏，靈明媢幽獨。運行侔太虛，晝夜三十六。返照自相推，度數周還復。要皆任自然，而非同强逐。玄中更有玄，一氣渾清穆。理則含太始，功則儲修育。以此坐懸崖，内觀淵以肅。

偈曰：入定不定，乃爲真定。
内照返觀，心與道印。

鑠骨煉金

淵肅坐懸崖，朗然通寂照。寂照將何依，踐形乃爲肖。神清而骨重，安得虛皇詔。賴有圓融性，湛湛含光曜。煉我無始身，證我無始妙。我輪不可轉，我形不可耀。寶覺有真心，定滅德彌邵。金骨一朝成，金仙度圓嶠。

偈曰：炙火銷金，非文非武。
無更有無，超規軼矩。

融膚化土

煉骨以煉仙，厥器修埏土。假合本四大，軀殼尤易腐。欲超第一乘，蟬蜕那堪數。緬彼大羅人，飛身入瓊府。胡我皮肉像，難作金天輔。不觀三界身，宴坐擬皇古。舉止備如常，清潔追玄圃。因成不壞真，默契無上主。

偈曰：心本天君，肉爲枷杻。

斬截羈縻，永垂不朽。

約神九載

不壞無上真，涵泳愈難薄。九仞一簣功，安敢自淪落。神居三品先，約之還再約。既如川中波，悠悠常絜絡。又如天上日，時時無住脚。倏忽至九載，色身猶槖籥。精與氣重融，性與心相著。世外有乾坤，真神自冲莫。

偈曰：片刻終身，九年一日。

住手空山，將投仙窟。

待詔三清

九載約真神，嘉名書玉笈。躍然以遠舉，飄飄輕且捷。足下白雲飛，清風生兩屧。遥溯面壁時，境界不相涉。一朝闢玄關，九漢騰輝燁。蘂珠自可侍，紫霞自可躡。因無三清命，天衢未敢躐。待詔處山阿，翛然檢丹牒。

偈曰：振衣待詔，證玉證金。
傳書至此，了我婆心。

第十六飛昇

三山笛史韓湘著

珠騰紫海，射斗連牛；璞韞丹山，穿雲裂石。贄鴻猷於玉闕，木公金母壓班僚；分鷺序於瑤階，赤舄緋袍隨舞蹈。故嵐飛青嶂啟，鰲峯浮十二闌干；瑞擁赤霄低，鶴背靄三千纓絡。麗光明之色相，日月歸壺；宏久大之規模，乾坤在袖。蓮栽烈火，動撫今追昔之思；笛弄長風，興推己及人之願。數載辛勤既慰，自當拜手揚休；茲晨圓滿堪歌，遂爾揮毫擲句。

頒恩賚詔

帝簡遥聞眷露壇，書頒上苑紫泥蟠。金星日麗輝章彩，玉軸雲移燦錦紈。扈從鸞旗雙影度，捧宣鴻誥五花攢。空山景色皆呈瑞，霧暖青崖翠繞闌。

偈曰：道契天玄，頒恩賚詔。

偌大寵榮，惟人自造。

奉敕騰霄

莫羨文明吠在田，峰頭佇看著先鞭。華增旌斾千行綺，綵湧林泉一朶烟。乍拂岫雲歌別曲，漸忘巖瀑響幽絃。舉頭日近長安遠，差喜無多到碧天。

偈曰：既來天詔，奉敕騰霄。

青冥寥廓，任我翔翺。

騎驂紫鳳

翽羽翩翩瑞也徽，端趺飈舉邁征騑。嗈喈雅叶塤篪韻，苞彩愈揚黼黻輝。白鶴就班先路舞，青鸞歸馭帶霞飛。回眸再向蓬廬望，磬控天遥藐翠微。

偈曰：升彼九霄，騎驂紫鳳。

儀仗紛紛，天迎人送。

樂引青童

紫雲香駕歷晴空，樂譜鈞天縹緲中。銀漢水清音九奏，玉霄風細曲三終。笙調翠琯分緱嶺，拍轉霓裳應月宮。聆取洋洋聲一片，步虛流響入鴻濛。

偈曰：鳳驂駕矣，樂引青童。

梵音玄籟，曲度天工。

涉漢登朝

仗樂雲從越漢津，砥平御道廠金銀。光騰八表皇居壯，暈耀三垣眼界新。宮樹蔭濃恆不夜，檻花芳靄妙生春。靈霄殿逈停仙仗，曳履欣隨侍從臣。

偈曰：青童扈道，涉漢登朝。

通明鵠立，位我班僚。

入宮覲主

一聲鐘韻肅寥陽，內使傳呼拜玉皇。爐裊篆雲熏鳳幙，蓋懸珠絡映龍光。絲綸載錫和風暖，芾舄初承湛露香。擬向彤墀賡介福，玄穹嵩壽已無疆。

偈曰：朝宁既登，入宮覲主。

稽首揚休，雲龍風虎。

趨參列闕

麟宫梵陛峙重重，拾級趨參禮恪恭。玉珮鏘鳴仙樂合，錦袍沾惹御烟濃。玲瓏複閣翔胎鳥，屈曲飛梁瘦古松。優奬曠恩醲似酒，紫虚瓊殿語從容。

偈曰：辭主出宫，趨參列闕。妙相莊嚴，容吾晉謁。

俯眺蓬山

島嶼凌空費仰尋，羽輪遥度發高吟。珠泉倒瀉芙蓉巘，繡閣喬蟠翡翠林。萬里去來超弱海，雙凫瀟灑躡孤岑。崔巍樓館人何處，瑞藹昌雲罩淺深。

偈曰：趨參事竟，俯眺蓬山。方壺圓嶠，不在塵寰。

瓊筵徧賞

玉殿親叨燕樂歌，筵開玳瑁旨嘉多。堯樽影帶昭陽日，禹膳膏流太液波。檢奏三章鏗玉節，璈彈九氣鼓雲和。今霄歡飫天厨味，頗有光輝出大羅。

偈曰：玩罷蓬山，瓊筵徧賞。

飽德賡颺，冰清玉朗。

洞府新成

賜第天仙寵倍榮，名山深處築高閎。月摇金碧檐牙動，雲擁虬螭棟角生。晴圃景融花爛熳，曉峯蕭爽鶴飛鳴。殊恩更荷醍醐渥，别構霞莊藹海瀛。

偈曰：瓊筵既御，洞府新成。

寶臺珠樹，五色晶瑩。

神驗前修

南山之北北山南，煉炁還元舊所諳。曾倩五龍盤玉顆，頻教雙璧合銀龕。光涵赤水菁英斂，暖溢藍田趣味甘。掉首從將空色勘，聲和碧宇月澄潭。

偈曰：閒居洞府，神驗前修。

幾經閱歷，景駐丹坵。

心期後學

翹想清都路可遥，仙槎祟待泛靈潮。祇憑鼎内三華藥，不藉雲間萬里橋。瑶草正宜經雨秀，紫芝何幸沐春饒。慧參妙諦甄陶久，拭目聯翩上九霄。

偈曰：密證前修，心期後學。佩我丹經，承恩錫爵。

金丹心法後跋

孔子曰：作《易》者，其有憂患乎。蓋《易》始庖羲，而式微於夏商之末；文王繫以象，而啟開物成務之功。《心法》之爲書，亦猶是耳。悼斯人之陷溺，而正道陵夷，譬彼舟流，莫知所屆。用是臨塵界，經障魔，數載辛勤，搆書以覺寤，詳而不蔓，簡而不遺，朗若列眉，洞如觀火，毫髮無餘憾，而證聖之心燈也。爰懽忻鼓舞，稽首而頌曰：大道無倪，神功有鑰。爲馬爲龜，則河則洛。爰開慧路，式即珍田。言因性立，道寄形詮。木鐸迢姚，金機逆順。化雨之時，春雷之震。星開北斗，月湛南江。抽思乙乙，竪幟幢幢。微顯闡幽，韜光斂鍔。劍匣㤥稀，燈帷錯落。原原本本，穆穆皇皇。有倫有要，無體無方。揮霍須彌，析分芥子。義則含宏，辭非的詭。上中而下，天地與人。三才窔奥，一貫彌綸。控引情宫，疏通性海。緗帙含馨，筆花絢彩。焜煌宇宙，反覆山川。字傳十六，言繼五千。化啟立場，功開紫府。糠秕浮埃，鈞陶下土。殷勤誦覽，昭示津梁。桃谿李徑，雀躍龍驤。

祖師門下柳守元敬識

金丹心法後跋

八祖《心法》成，堅得諦觀其大畧。流連往復，不能贊一辭。乃愾然於一切修真養性之書，讀可也，不讀亦可也。蓋因《心法》而旁收別集，則參其異，證其同，益恍然於《心法》之畢該，而折衷之得所主。曷以言乎？讀《心法》而他書可悉捐也。《心法》之爲書，廣大精微無弗備，諸編所載，莫不彙其中。是猶登泰岱之巔，而凫、繹、龜、蒙衆峰如兒立。故玩其淺深之秩秩，節次之昭昭，脉絡精神支分而流合。乃轉嘆予昔年之訪落，有志於飛昇，踏破鐵鞋而得是編不早也。顧宏獎後進，而畢揭其心源，予將敬拈瓣香，稽首頓首，遍拜諸天洞府，爲大千世界稱謝慈航爾。然其艤舟於天河，以待問津之渡，回頭卽岸，覺路非遥，乘長風而飽征帆，波羅在目矣。而不然者，舍舟而亂流以濟，或汔濟而貽濡尾之羞。洞口桃花，竊恐漁郎迷徑耳。蘭槳桂棹，擊空明而泝流光。予亦將鼓枻而歌，而望美人於風虎雲龍之會合。

祖師門下石守堅謹識

金丹心法後跋

鷲嶺岧嶢，業邈波羅之諦；壺天湛寂，常留洞口之春。飛紫誥之靈文，不待攀龍鼎下；結青神之妙契，何煩抱犢山前。然而肉眼迷茫，錯寶碔砆驚白璧；塵心眩愕，空將魅魍詫蒼龍。誰分太極之泉，罔辨元和之液。八祖《金丹心法》，崑山削柱，聚窟凝香。標羣嶺以中黃，弱水豁三千世界；揭恆星於太紫，層城分十二樓臺。不侈風螭月母之譚，上接危微奧旨；非陳丹溜玉杯之論，宏開道德奇文。言有大而非夸，意無微而不入，但使因言索解，毋泥格以求辭。會意旁搜，必尋端而竟委，則古洞啟桃花之徑，人分絳雪而來；春田懸桂實之英，藥杵玄霜以去。車馳八景，行藏偕五色烟霞；馭叱三清，往復任雙鳧蹀躞。時與赤松上下，笑遼陽之塚纍纍；漫從黃石逍遥，看姑射之風襲襲。予光分緑簡，杖持青藜。藏柱下之鴻篇，色集宫雲紅近日；待人間之鳳舉，香迎仙珮暖宜春。謹賦短章，附蠅聲於驥尾；還期來學，同鵠起於龍門。

師門下溪守靜稽首拜識

金丹心法後跋

練道參神，端基於勤學。知行不並用，無以期誕岸之登，且將陷溺之日深，流蕩焉而莫知所返。此正陰長生所云：奔馳索死，不肯暫休。即使神仙現身化導，而言之諄諄，無奈聽者之藐藐。況著書以警世，又安望夫束諸高閣者，而索解於知行不屬之餘，則我八祖之垂爲是編，幾爲選事矣。顧此書未著，未嘗不相與有成。宛轉尋源，闢開塵垢，縱心孤往，無所鑑而猶興然。而其用力也勞，而得之也亦非偶。既有是書以後，則大道之源流具，條目彰，途可循，轍可守矣。但使知行之漸進，以相深於研慮，而悦心所爲，事半乎古人，而功效倍也。學道須勤學，勉之，勉之！然第知所勤矣，而不體傳書之本意，得人而不與，與人而不慎，其人是懷寶迷邦，大公而以私據也。抑甘心比匪，不知君子之貞也。此之謂褻天，褻天有逸罰。予既樂是書之告竣，而復恐後人之不戒，隕越以貽羞，故附此數言，以爲讀是書者之明訓。

祖師門下梅守璞謹識

金丹心法後跋

嘉慶二年六月十八日，予晤持真子於濟南，得覩《金丹心法》一書。悚然起立而嘆曰：妙哉，道也！此真身心性命之學，世出世間之樞機也。心法何法？法在一心。法心何心？心止一法。真字字是金，令人人得丹，如披雲霧，杲日當空矣。夫世之丹經徧天下，大抵統言體用，槩論工夫，求其顯闡祕奥，直指根源，易簡精實，節目貫通，未有如此經之深切著明者。何期小子得寓於目，得傳於口，得會於心，得體於身，復得續跋篇末，以質後人，斯誠億萬刼難逢之奇遇也。惟自愧管窺蠡測，莫量高深；了了於目，何能了了於口；了了於口，何能了了於心；未及升堂入室，敢言澈底洞明耶？所願與一二同心人由下學以期上達，自卑邇而晉高遠，躬行實踐，共完性命以合天，本固華榮，妙鍊形神而證果，夫乃信諸天不外一心，大道總此一法。撥轉關捩，直臻無上，潛心消息，益覺精微矣。後之君子幸覽觀焉。

祖師門下蔣予蒲敬識

心法文評

香飛玉札，祥烟飄萬縷之霞；彩拂霜毫，瑞靄艷千層之錦。月色更添春色好，胥默會平帝閶；鐘聲還與皷聲齊，抑何辭於靈瑣。予也心懸北斗，地傍東山。十載儒冠，餅嚼紅綾之餡；三年案牘，符分墨綬之銅。當拂袖以歸田，但守青緗綠簡；保餘年而食德，何如白雪黃芽。然而一夕無常，活潑鬱鳶魚之性；竟使三生有幸，精神偕鶴鹿之班。雖經筵莫贊高深，而緒論猶工諷詠。聊爲蠡測，竊殿鴻章。

文章至漢時，風度猶爲近古，蓋虞夏商周之後，元氣未漓也。鐘離老祖文，璞玉渾金，不雕不琢，沈酣濃厚，而節奏天成。初讀之，覺樸素無華，不過疎枝大葉；而細針密縷，踪跡莫尋，殆將與二賈之文爲鼎峙矣。

文家有三變，而簡老爲難，必其蘊蓄既深，陶鎔一切，然後剥膚見髓，老幹扶疎。細讀李祖文，益信然矣。後世漫無根柢，一覽無餘，以枯木寒鴉，而輒託名於公穀，乃從而名之曰老，殊堪一噱。著筆如不經意，而味美於回，其息深深，文家之逸品也。蓋風來水面，月到天心，雖其境界在目前，要自有一般真趣。張祖文章踏實，而意解空靈，不事矜莊，不假聲色，屏謝人間烟火，而得南華氣槩之醕。

典麗堂皇，最是文章正格。王謨帝典，所以獨冠冕古今，故不事纖奇，望而知爲堂堂正正之師者，此何如境也。我祖師矢口成音，自協黄鐘大吕，不爲摇曳態而五色成文。蓋惟道力深沈，自所發而皆天籟。

行文譎怪，最下乘也。蓋牛鬼蛇神，不過於無可奈何中，出偏師以角勝耳。然至其流於既溢，未嘗不發爲光怪陸離。曹祖之文，古而帶拙，如覩商周法物，斑剥斋皇，遂令深心好古之流，愛玩不能釋手。

不露鋒芒，而自然淵雅，此恬吟密咏，文之最足移人者也。蓋含英咀華，風流蘊籍，自令矜心頓釋，而躁氣胥平。讀藍祖之文，如對《霓裳羽衣曲》，其悠揚足娱目，其鏗鏘足悦耳，殆將與有宋之歐陽平分一席。

筆輕辭秀，原非文字上乘，蓋氣體無餘，易流於柔媚也。不知手腕靈妙古秀，在神骨之間，得之最難，而讀之不厭。何祖之文，機員神足，鮮湛不滯，亭亭如初日芙蓉。此所謂天仙化人，非肉眼所能窺測也。

予誦韓祖文，倍覺起敬起畏焉，爲其腹笥之飽滿，而靈秀超超，且成大道於妙年，故吐露之間，自有一種英光之燄，咄咄逼人也。至其家法本文公而自爲滅竪者，則又爲有目之所共覩，而何俟贅言。

漫志八評，雖未盡文之閫奧，然體裁局度，字句篇章，其律法準繩，或堪彷彿其十之一二。後之學者，當不河漢鄙言也。然而讀其書，思其義，廣其志，踐其行，方可從流以得源，而驪珠在握矣。而不然者，啜其糟粕而不知精液之何存，是則楚人之賣珠，而鄭人之鬻櫝耳。攬春華之秀，旋落其實而取其材，斯石室奇緣，不負素書兩卷。予三年侍側，幸編次之有成，敬跋短章，以貽同好。

祖師門下闕里華玄邱頓首百拜

天仙金丹心法後跋

嘗聞金丹之法不明，則天仙之道不顯。天仙者，就五仙而言之，則爲最上之乘；就專派而言之，則爲妙道之統。是有心法焉，固未易爲一二外人道也。余自通籍後，浮沈宦海，實不知仙佛之道，盡人可學，故頗敬之慕之，而未敢易易求入門，矧能講明法派耶。年來留心典籍，竊窺三教同源之理，又幸得所依歸，日承面命耳提之訓，乃恍然知章句之學，拘墟之見，其不足以語大道之心法也。久矣！茲書之作，雖成於八祖，而實乎佑上帝一人綜成之。仰見慈心普度，歷千百餘年如一日，昔人所謂繼武慈航者，洵非虛語。故每雲鶴至止，或則自垂寶訓，或邀七祖偕臨，總一覺世之法，以洪大化而正人心。實按之，原不外乎綱常倫紀之大端；精求之，乃隱合夫身心性命之妙諦。然則此一心法也，固不僅八祖同此一心法，即三教亦同此一心法也。推而至於萬事萬物，總此一心法爲之主宰，默運於天高地厚之中也。謂之天仙金丹可也，卽謂之太極、謂之明明德亦可也，謂之圓覺、謂之牟尼寶亦無不可也，蓋總一心法也。茲屆重訂全書，爰敬誌數語，以質後之讀是經者。

志秋弟子范鏊謹跋

天仙金丹心法後跋

《悟真篇》曰：「學仙須是學天仙，惟有金丹最的端。」是天仙之道，非金丹不能成；金丹之妙，非天仙不能得。矧孚佑上帝以天仙立派，更爲萬古金丹鼻祖，紫陽張大真人猶在門弟子之列。夫豈不以淵源有自，所謂私淑而師承者，原由海蟾帝君而接一線之傳耶？玆《心法》也，雖成於八洞仙祖，而小子敬讀柳大祖師原起及各序跋，乃知成於孚佑上帝一心之慈濟，始終成全，圓滿功德，如是之恩深無量也。現屆同人，重訂全書，正宗小子追隨諸先達後，時膺校閱之任，深愧望道未見，竊幸皈依得所。仰奉恩諭，准各附識卷末，爰於是經敬跋數語，惟祝金丹之法廣演，天仙之派綿長云爾。

志喜弟子徐震敬跋

关窍探奥

——《天仙金丹心法》秘诀刍议

《天仙金丹心法》(以下简称《心法》)全书分为十六章,每章十二节。其中共有八十一节是用秘文写成,纯属道家「三口不谈,六耳不闻」的秘诀。

道家「内丹术」是名符其实的「炁功」。练功过程中,在不同的阶段,体内有不同的重点部位,具有不同的功效。这些部位通称为关和窍。

关窍与经络不同,关窍的方位是在机体内部,而经络的穴位是在体表定位。关窍的许多名称,在经穴中是没有的,如泥丸、神室、黄庭等;有些名称,两者又相同,但其方位不同,如命门、气海、玉枕等。这是探索关窍问题必须明辨的关键,否则会堕入五里雾中。

《抱朴子内篇·释滞》说:「道书之出于黄老者,盖少许耳,率多后世之好事者,各以所知见而滋长,遂令篇卷至于山积。古人质朴,又多无才,其所论物理既不周悉,其所证按又不著明,皆阙所要而难解,解之又不深远。」葛洪的论述是十分中肯的。道书中对关窍的称谓就异常繁杂,对其方位亦很少明指。

笔者根据《心法》，结合现代科学知识，试对关窍作一探述。

一、筑基关窍

筑基是炁功的准备阶段，是进行精、气、神的修炼。《心印经》说：「上药三品，神与气精。」三者皆有先天和后天之分，筑基是培后天补先天，达到三品皆足，进而「由分入合」，「化有为无」，为正式炼丹打下坚固基础。

筑基时间的长短，因人而异，与体质年龄有关。《心法》中没有「百日筑基」之说，只在炼精化炁阶段，才称为「百日炼丹」和「百日立基」。「筑基」和「立基」不能混为一谈。

筑基有三处关窍。《筑基·由分入合》说：「精藏丹田，所处最下；气藏气海，所处居中；神藏神室，所处在上。」三者可称为筑基中的三丹田。

（一）精藏丹田

《筑基·精》说：「精者，先天之炁，太极之根。形骸未判而蕴彩，鸿濛乍辟以成形。聚则团圂于二肾，散则洋溢于四肢。」《采药·培母》说：「两肾中间一点明，逆为丹母顺成人。」

古人称肾为先天之本，脾为后天之本。对两肾还有不同的名称，《难经·三十六难》

说：「左者为肾，右者为命门。命门者，诸神精之所舍，原气之所系也。」

值得领悟的是，肾又分内外。将「肾脏」称「内肾」，而将「睾丸、阴茎」称「外肾」。

炼精化炁时的主要关窍称「鼎炉」。鼎炉的方位在「脐后」，精藏丹田的方位还在鼎炉稍上，它是生药之处。《采药·顺取》说：「药母在上，鼎炉在下，药生而下垂于鼎，鼎张而上载夫药。」《安炉·药道》说：「药道者，是采药于鼎之道路也，正而不偏，直而不曲，其长寸二，其宽一指，上达两肾之中，下达鼎器之口。」由此可知，精藏丹田的方位，在脐后向上一寸二分，处在两内肾的中间，此关窍《心法》也称为「命门」。《筑基·培后补先》说：「还精有法：每日亥子时，先就单之左右，急行百步，又两拳勒紧，两臂挺直，下捽二十四次，然后盘坐单上，存想遍体真阳升集泥丸宫，由心窍第三系，下注命门还元。」《筑基·精》说：「先天之精清而虚，后天之精浊而实。」「迨至情缘起，嗜欲萌，一点真精变化后天之液。」「故有形者，后天精，非先天之谓。」由此可知「后天精」和「外肾」是密切关联的。

道书中有「玄关一窍」，它的方位是绝不明指的。《金仙证论·图说》说：「其穴无形无影，炁发则成窍，机息则渺茫。」《金仙证论·风火经》说：「外肾欲举之时，即是身中活子时。」《金仙证论·正道浅说》说：「修仙作佛之造化，即从此而入手，若夫尘念兼起，必化淫精顺阳关而出。修士正当此时，正念为主，以神驭炁，起呼吸之气，留恋元精，可谓还原之道矣。」《采药·顺取》说：「采者非手攀斧折可任意逆施者也，必元神、元气醞结而为白光，由脐上达丹田，旋定药母，顺药之根而截之。则行循药道，得归鼎炉，以待烹炼矣。」「若神气乱走，不辨根梢，便逆施无节，鲜不泄浆而倏萎矣。可不慎哉！」

精有先天和后天，肾有内外之分，道家称药也有内外之别。玄关一窍开时，一阳生、活子时，方能炼精化炁，否则是无药可炼丹的。《悟真篇·绝句》说：「咽津纳气是人行，有药方能造化生，鼎内若无真种子，犹将水火煮空铛。」其中奥妙，请同好悟之！

肾脏是人体重要的排泄器官，肾脏上部还有重要的内分泌器官——肾上腺，左肾上近似半月形，右肾上呈三角形，分泌多种激素（旧称荷尔蒙），能调节机体的新陈代谢，保持机体中理化因素的动态平衡，增强机体适应环境变化的耐受力和抵抗力。其中的性激素（主要是雄性激素），更和机体的生长、发育、生殖机能直接有关。

睾丸（或卵巢）也是重要的内分泌器官，除产生精子（或卵子）外，还分泌性激素。道家非常重视外肾部位的锻炼。《勿药元诠·金丹秘诀》说：「一擦一兜，左右换手，九九之功，真阳不走。」

按现代科学概念来说，精液是后天精，而激素就是先天精了。

(二)气藏气海

《筑基·气》说:「气何起?曰:丹田,介任督之间,而交会于上齿下齿之尖处。」又说:「气起于海,在夹脊关下之第三节。」

夹脊关的方位,《结胎·透三关》说:「人之脊骨,上下二十四节。最下一节,是为尾闾。」「从此数起至第十八节之夹脊,名曰中关,与心部对。」此处所说的脊骨二十四节,不是现代科学划分的颈椎七节、胸椎十二节、腰椎五节,而将骶骨不计在内。参照《针灸大成》和《类经图翼》可知古代脊骨划分是:项骨三节,以下脊骨二十一节。骶骨按四节计算。夹脊关方位正是现代划分的胸椎第四节。其下第三节的前部正是「膻中」穴位。《素问·灵兰秘典·注释》说:「膻中者,在胸中两乳间,为气之海。」正与《心法》所言相合。

气海的方位,正是现代科学「膈」的部位。膈是人体呼吸功能的主要原动力。

《心法》称先天炁为祖气、真气、元气和母气,称后天气为息和子气。《起火·辨疑》说:「盖祖气为先天,子气为后天,炼气原有先后并用之说。」《起火·提纲》说:「丹乃炼神之主,息为结丹之源。丹因息生,息因丹住。丹不得息,丹不成;息不得丹,息不止。息者何?呼吸相生,斯为息矣。」

《结胎·采大药》说:「炼药之火,兼内外呼吸而成;采大药之火,有内呼吸,无外呼吸。」《结胎·行文火》说：「炼精化气，皆用武火；炼气化神，宜行文火。武火者，有候之火；文火者，无候之火。」按现代科学来说，用意识支配呼吸的快慢、强弱和深浅，即为外呼吸、有候的武火；而不用意识支配呼吸，全凭大脑呼吸中枢调控的自然呼吸，即为内呼吸、无候的文火。

现代科学已知，人的体液必须维持酸碱度的动态平衡，呼吸功能起着十分重要的作用。如果呼吸过度，肺通气过多时，使血液中氧分压过高，会产生呼吸性碱中毒，出现组织兴奋性提高，运动神经兴奋，发生自动的重复冲动，甚至手足麻木，肌肉痉挛。如果由于疾病或有意闭气，肺通气不足时，使血液中氧分压过低，会产生呼吸性酸中毒，出现思维力减退，神经衰弱，疲乏，虚弱，恶心，厌食，肾功能衰竭，易患糖尿病和心血管疾病，严重时甚至昏迷、休克。所以，在空气清新处，进行有意识的深慢呼吸，这是有益健康的，但必须注意不要过度，防止运动神经失控。

道家非常重视不用意识的自然呼吸。《胎息经》说：「若欲长生，神气相注，心不动念，无来无去，不出不入，自然常住。」道书中「神气」也称为「心息」。排除杂念，用意念去察验气海中的自然呼吸状态，就是「神气相注」。道家对此还有很多称谓，如相恋，相依，相守，相抱，相结，相入，相合等。「相」字为「相互」之义，如神气相守，可称神守气，气守神。称谓不同，功有深浅，应体验领悟其中奥妙。

(三)神藏神室

《筑基·神》说：「神居肺之下，心之上，日月所丽之乡，圣胎所结之地。」在炼炁化神阶段，此关窍又称黄庭和上丹田。《结胎·清道路》说：「结丹之所为下丹田(指鼎炉)；结胎之所为上丹田。以丹炼神，是从下丹田转丹升提而降于上丹田。」《息火·跃机》说：「炼丹为炼神计也，丹成大还，方欲自下而上，过三关，落泥丸，走鹊桥，入黄庭，为结胎之用。」《结胎·落黄庭》说：「黄庭何？乃金丹还返之根，圣胎凝结之地，居肺下一寸三分，精神魂魄皆聚于此。以其为金胎神室，故曰庭；刀圭并处，其色玄黄，故曰黄庭。」

神室的方位在「肺之下，心之上」，「肺下一寸三分」。笔者认为应以经络穴位上来推定。任脉的华盖穴应属肺，玉堂穴应属心，两穴中的紫宫穴，其旁有肾经的神藏穴。可见此处应是神室的体表定位。

神室正与「胸腺」相近。胸腺是一个重要的淋巴器官和内分泌器官，它对机体的免疫机制有重要作用。胸腺位于胸骨柄及肋软骨的后方，紧贴气管的前面。在人出生时，重约十至十五克，长至青年时期约有三十至四十克。以后随年龄增长则逐渐退缩，到老年期又回缩到十至十五克。所以老年期衰老加快，免疫力和应变能力均有降低，一定与胸腺有关。

《筑基·神》说：「众人不知，当以思虑为后天之神，而思虑至有得时，便是先天；以灵聪为后天之神，而灵聪至前知时，便是先天。所以戒用思虑灵聪者，非虑损后天之神，特恐有得与前知，足以损先天而不觉也。」《筑基·凝神》说：「筑基当神未足时，戒多言，戒多视，戒多听，戒多思。」

《心法》将由感性到理性的思维活动，分为后天和先天，笔者认为这是古人受历史条件所限的初识。现代科学已知人的大脑有两大功能：一、是意识功能。如思维、感知、记忆、情绪、想象、机体活动等，应属于后天。现代科学对大脑意识功能的研究，可以说已经开始入门。二、是非意识功能。机体为适应内外环境的变化，大脑要对机体的各系统进行调节和控制，以维持正常的生命活动，应属于先天。现代科学对大脑非意识功能的研究，可以说知之甚少。

後天的意识功能强烈时，必然会影响先天的非意识功能的正常运行，使调节失控，给机体带来危害。炁功的意守、入静和入定，都可抑制意识功能的活动，因此非意识功能必然增强，当然能祛病健身，延年益寿了。

二、鼎炉炼丹

鼎炉的方位在「脐后」。《安炉·虚实》说：「绝妙天然八卦炉。」《安炉·方位》说：「一三脐后布，七二限前纡。」（注：此处的一三、七二似指先天和后天八卦中的坎和离）此关窍《心法》也称为规中、密户和土釜。

有的道书将方位称为「脐下」，有人理解为脐下的经穴气海、石门、关元等处，此说与炁功不符。《金仙证论·义例》说「以铜人仰卧图测之」，此论断正确。仰卧时的「下」，正是「后」和「内」。

婴儿在胚胎中经脐带与母体连结，脐部是胎儿生长发育的基点，也是机体名符其实的「中」。人体内分泌的重要器官，如肾上腺、前列腺、精囊腺、卵巢、子宫等都在脐部附近；还有肝、胆、胰、脾、肾、胃、膀胱、肠等也在脐部周边。脐部这个机体中心，不论先天（结胎）或后天（出生后），都是生理机能的极关键部位。炁功在炼精化炁阶段以脐部（鼎炉）为基点，完全符合科学道理。

《中华气功》杂志一九八六年第二期《丹田部位探测的实验研究》一文指出，针刺神阙穴（脐），「可以引出以下三类的感传路线来：其一，是纵行的主干，循任脉通督脉；其二，是由神阙穴横行的环行路线，沟通着神阙穴与命门穴的一条捷径；其三，是由神阙穴向胸腹部斜行的放射状路线。」（附图一）而针刺脐下的气海、石门、关元穴时，「除激发循任脉贯注的感传路线外，并无其它感传路线引出」。以上实验说明，脐部与胸腹的全部经脉紧密关联，确属机体中的一个奥秘所在。

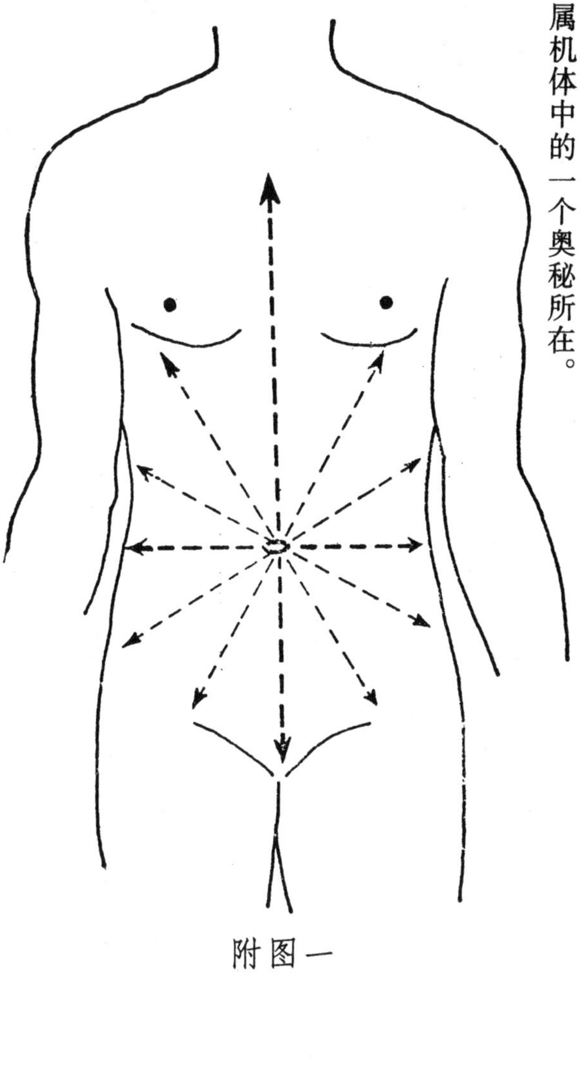

附图一

三、泥丸养婴

《心法》指出在神室（黄庭）经十月结胎后，要将胎儿上迁泥丸宫；脱胎化神后，泥丸是三年养婴的襁褓，也是元神的归宿之地。《养婴·歛泥丸》说：「歛诸泥丸，湛寂深藏，永无出入。」「是故形会意，意会神，神会道，不先不后，不疾不徐，惟尽人合天，无负传心之望。」

泥丸宫的方位，道书中说法一致。《抱朴子内篇·地真》说：「人两眉间，却行一寸为明堂，二寸为洞房，三寸为上丹田。」《黄庭内景经·至道章》说：「脑神精根字泥丸。」《心法》只称「泥丸宫」，不称「上丹田」，而将黄庭称为上丹田。

从现代科学来看，「泥丸」正是大脑皮层下部的中心部位，称为间脑。间脑分为三部分：背侧丘脑、后丘脑和下丘脑。下丘脑是内脏神经中枢，对内脏活动起着重要的调控作用。其中的脑垂体，更是中心的中心；形似大豌豆，重约零点六克，位于颅骨的垂体窝内，是人体中保护最严密的一个小器官，它是调控内分泌系统的中枢。

过去认为神经学和内分泌学是两个不同的学科，最近几十年才确认神经系统和内分泌系统是相互关联不可分割的，因此称为「神经内分泌学」。现代对此学科不过是一知半解，还有很多的不解之谜。

俗话说：「意到炁到。」炁功非常重视用良性意念去存想机体内的某一关窍，来获得不同的功效。它和「神经内分泌学」能否结合探索研究？炁功的存想和意守，必须严格遵行自然之道。要「似守非守」，「勿忘勿助」。《性命圭旨·安神祖窍》说：「不可以有心守，不可以无心求；以有心守之则着相，以无心求之则落空。」所以执着和顽空皆非正道，容易出偏和入魔。

四、督脉三关

《结胎·透三关》说：「三关皆属督脉，乃阳气上升采取丹元之路。」「盖人之脊骨，外实内虚，上下二十四节。」

「最下一节，是为尾闾」，「名曰下关」。古代骶骨按四节计算，但骶骨实为五节合成，其下接尾骨。因此尾闾的方位应是骶骨连接尾骨的第五节处。

夹脊的方位，在气功界说法不一。《心法》指在现代划分的胸椎第四椎，「名曰中关」。此关窍在督脉的身柱穴和神道穴的中间，旁边有膀胱经的膏肓穴。成语说「病入膏肓」，足证夹脊关窍的重要性。

「又上至末节，则为玉枕」，「厥名上关」。古代项椎按三节计算，此关窍正是现代划分颈椎的第五椎，体表为入发际处。

现代科学已知，脊骨中的脊神经是混合性神经，分为躯体神经和内脏神经，各有运动(传出)和感觉(传入)两种神经成分。躯体运动神经一般都受意识支配，而内脏运动神经则在一定程度上不受意识的直接控制。

内脏神经又称为植物性神经系统，因其调节功能不受意识支配，又称为自主神经系统。此系统又分为交感神经系统和副交感神经系统两大部分，两者维持着对立统一、互相协调的关系，一个兴奋时，另一个则受抑制，对内脏活动进行精确的调节。

交感神经兴奋时，可加强内脏的活动，动员潜力，提高适应能力，以应付环境的变化；副交感神经兴奋时，主要是促进消化，聚集能量和加强排泄。

虽然植物性神经系统不受意识支配，但和呼吸状态及肌体活动又密切相关。当吸气时和肌体由下而上紧缩时，就能使交感神经兴奋；当呼气时和肌体由上而下放松时，就能使副交感神经兴奋。

从现代科学来看，当过三关、升泥丸时，会使交感神经兴奋加强；当由泥丸下黄庭时，会使副交感神经兴奋加强，因此内脏的活动就能得到平衡。

日常生活中，人的意识和机体经常处于紧张状态，致使交感神经兴奋过度，内脏活动剧烈，使平衡失调。人在安静时，副交感神经才兴奋加强。炁功的入静、入定，确为科学的养生关键。

五、悟道要言

笔者将关窍画了一张图(附图二)，供参考。

关窍是「体」，不是「面」，但这个「体」是不存在的，全靠意想来决定。《心法》对鼎炉不仅要意想其形状和大小，还要意想鼎炉内炼丹的丹台，鼎炉的火穴和风门，鼎炉上的药道。真是玄而又玄了。

关窍的方位很难具体划定，人的年龄不同，体质不同，练功的深浅不同，对关窍也会有不同的体验。因此，对待关窍，一方面必须大致定位，同时也决不能死定一点。《安炉·真假》说：「着色空摹终是假，定光返照便为真。」《安炉·方位》说：「方隅如妥适，形象不模糊。」《安炉·虚实》说：「想来似有看时无」，「静观动察证如如」。《安炉·形象·赞诗》说：「无形无像，有像有形，即空是色，竟究难寻。」以上所言，值得三思。

《心法》有百日炼丹、十月结胎、三年养婴、九年面壁之说，对岁月问题应如何理解？

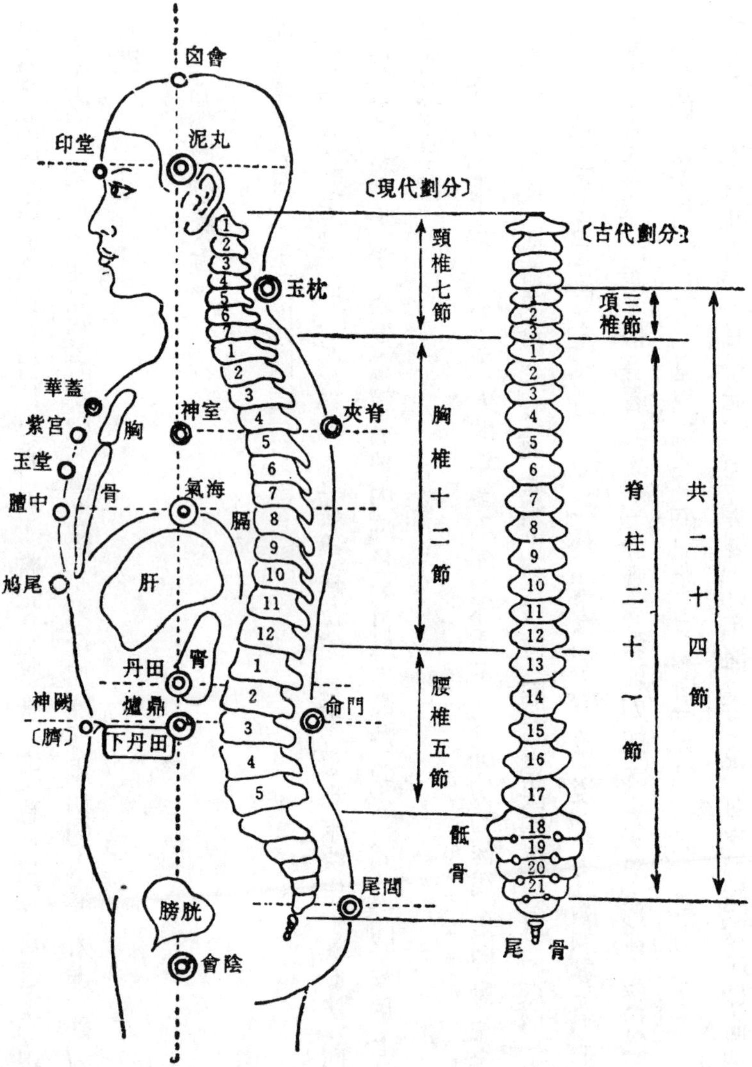
囟會
印堂
泥丸
〔現代劃分〕
〔古代劃分〕
玉枕
頸椎七節
項椎三節
華蓋
紫宮
玉堂
膻中
鳩尾
胸骨
神室
氣海
膈
夾脊
肝
胸椎十二節
脊柱二十一節
共二十四節
丹田
胃
爐鼎
神闕
〔臍〕
下丹田
命門
腰椎五節
骶骨
尾閭
膀胱
會陰
尾骨

附图二

石杏林《还原篇》说：「金丹之功成于片时，不可执九载、三年之日程，不可泥年、月、日、时而运用。」「不识神仙术，金丹倾刻功。」

张三丰《玄机直讲》说：「夫静功在一刻，一刻之中，亦有炼精化气，炼气化神，炼神还虚之功夫在内，不独十月然也。即一时一日一年皆然。」「一刻之功夫夺一年之气候也。」

张伯端《悟真篇·绝句》说：「赫赫金丹一日成，古仙垂语实堪听，若言九载三年者，总是推延款日程。」

炁功划分阶段，实质上是炼功过程中不同功态的周天性循环，岁月问题只是不同功态时间多少的大致比例而已。

《周易参同契》曾用卦象、季节、日月、星宿、乐律、干支、五行等对炁功全过程的循环进行类比，这个循环也称「周天」。《悟真篇·绝句》指出：「卦中设象本仪形，得象忘言意自明。后世迷人惟泥象，却行卦气望飞升。」《金丹四百字》说：「火候不须时，冬至岂在子，及其沐浴法，卯酉亦虚比。」《入药镜》说：「一日内，十二时，意所到，皆可为。」真乃一言中的，令人悟醒。

笔者出生于一九二二年，抗战时曾在山东沂蒙山区度过。花甲之后，开始对炁功有所爱好，立志学习养生问题。在学习过程中，对道家长生久视之道兴趣颇浓，经过近一年的冥思苦想，终将《天仙金丹心法》书中的秘文全部破译。笔者终生愿做一名养生之道的探索者，在友人赠送的「深秋」山水画上题诗：「触目山村恋意深，沂蒙战火炼心神，风和炎逝阳复日，百岁玄机苦探寻。」本文是笔者的一点学习心得，仅供读者参考。

赵　松　飞

一九九四年八月

浅说两呼两吸法

——《天仙金丹心法》吐纳秘诀

《天仙金丹心法》（简称《心法》），书中的秘文，纯属道家「三口不谈，六耳不闻」的秘诀。现将吐纳秘诀中的「两呼两吸法」浅说一二。

《心法》第九起火章中的「论风」说：「呼吸为火，呼吸中之呼吸则为风。但呼吸微矣，于呼吸之中求呼吸，是微而又微者也。然亦有法在，请细论之：夫呼吸心气，一呼不可即吸，再呼一次，为时半倍于前呼；一吸不可即呼，再吸一次，为时半倍于前吸。他气皆然。自得火中有风，风动火旺之道。又火有火穴，前之呼吸，宜入火穴而化火，不可错入于风门；风有风门，呼吸中之呼吸，宜归风门而变风，不可错归于火穴。辨得真，自行得当。火借风威，风因火起，二者相生不相背，则可烹炼鼎炉，化药而成金丹矣。《易》之「火风鼎」非此之谓与？后学者，其深思明辨之可也。」（一二〇页）

我们先要了解秘诀中的「火穴」和「风门」。第七安炉章中「火穴」说：「《易》之《鼎》卦，取象火、风，故『离』、『巽』相配而成『鼎』。鼎之四方，更八卦布焉。火穴者，乃离中之离，俱正南向，系任脉而通子气之源。任脉属阴，离中虚，亦为阴象。阴与阴处，自阴极而阳生矣。安炉者，须察识之。」（八五页）章中「风门」说：「鼎有风门，亦巽中之巽也。巽乃四隅之卦，位在东南，故门向小东。象洁齐迎生气，缘阳督而达子气之流。安炉者，须明理察势，即于鼎之小东方位，预留一孔，如小豆大，以便往来之吹嘘。切勿四围填实，使丹鼎内有火无风，致烹炼无因，药生而不熟也。」（八七页）

火穴、风门的人体方位，如图所示（附图三）。

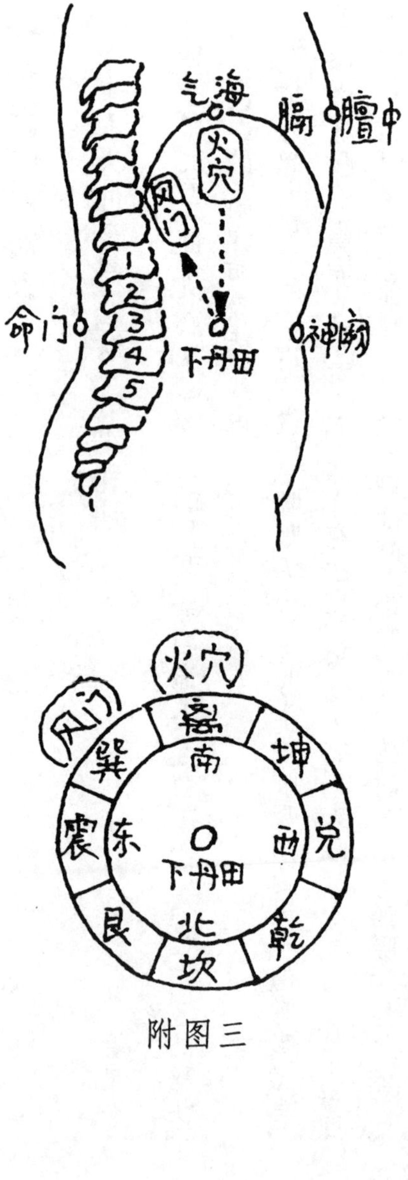

附图三

通过顺、逆两种呼吸法的练习，可以体验火穴和风门的体位。

顺呼吸（腹式呼吸）主要通过膈肌的缩放。吸气时腹部鼓起（火穴），呼气时腹部收缩（风门）。

逆呼吸（胸式呼吸）主要通过肋骨的缩放。吸气时腹部收缩（风门），呼气时腹部放松（火穴）。

《心法》的吐纳是用口呼鼻吸的。口呼用的是六字诀。《心法》是呵（心）、呼（脾）、呬（肺）、嘘（肝）、吹（胃）、嘻（肾）。《心法》要求呼吸时，不快不慢，不强不弱。第九起火章「提纲」说：呼气「皆由内而外，吸独由外以至内。外入者，声易寂；内出者，声易粗。起火者，注意一窍出纳，俱要微微。不可于吸时无声，声寂则火柔；不可于呼时有声，声粗则火旺。中矩中规，乃得调息三昧」（一一三页）。

从时间上说，二呼二吸是一呼一吸的半倍。现在可以将「两呼两吸法」简释如下：

一逆呼微（火穴）、二顺呼微而又微（风门）。

一顺吸微（火穴）、二逆吸微而又微（风门）。

人在用最大力的吸气后，再用最大力呼出的气容量，称为肺活量。肺活量有较大的个体差异。它与身材大小、性别、年龄及呼吸肌的强弱等有关。正常健康成年人的肺活量，男性约为3500 ml，女性约为2500 ml。

肺活量的测定值，是总体健康状况的重要标尺。青少年时期多做强力运动和深呼吸，可以增长肺活量。人到三十五岁时，随着年龄的增长，肺活量会逐渐递减，平均每十年下降9%～27%。

《心法》的「两呼两吸法」是最优良的深呼吸功法，它能延缓肺活量的递减速度，避免肺泡的过早萎缩。当然，它更有强健身心的宝贵功能。

所以，青少年练习可以增长肺活量，成年人练习可以保持肺活量，老年人练习肺部健康延年益寿。

警句是：「吸烟有百害而无一利。」奉劝人们：吸烟者要决心戒掉，不吸者要敬而远之。

赵　松　飞

二〇〇四年六月

中華書局
初版責編　梁運華